面向"十二五"高职高专规划教材

实用会计基础

张春萍
张金奎　主　编

辽宁大学出版社

图书在版编目(CIP)数据

实用会计基础/张春萍,张金奎主编. — 沈阳:
辽宁大学出版社,2011.8
面向"十二五"高职高专规划教材
ISBN 978-7-5610-6474-0

Ⅰ.①实…　Ⅱ.①张…②张…　Ⅲ.①会计学－高等
职业教育－教材　Ⅳ.①F230

中国版本图书馆 CIP 数据核字(2011)第 168764 号

出　版　者:辽宁大学出版社有限责任公司
　　　　　　(地址:沈阳市皇姑区崇山中路 66 号　　邮政编码:110036)
印　刷　者:北京广达印刷有限公司
发　行　者:辽宁大学出版社有限责任公司
幅面尺寸:170mm×228mm
印　　　张:14.25
字　　　数:256 千字
出版时间:2011 年 8 月第 1 版
印刷时间:2011 年 9 月第 1 次印刷
责任编辑:杨　蕊
封面设计:水木时代(北京)图书中心
责任校对:齐　悦

书　　　号:ISBN 978-7-5610-6474-0
定　　　价:29.80 元

联系电话:024－86864613
邮购热线:024－86830665
网　　址:http://www.lunpshop.com
电子邮件:lnupress@vip.163.com

前　言

　　《实用会计基础》是一部校企合编教材,它是由开封大学财经学院会计电算化专业教师和河南开元空分集团有限公司财务部门人员合作编写的。该教材凝聚了多年从事会计专业教学工作的老师和一线企业会计工作人员的共同经验和智慧,改革了原有的教材体系,按实际工作步骤来组织教学内容,重点突出会计基础理论与会计基本操作技能一体化教学,使学生在理论与实践相结合的教学过程中能够掌握会计基础理论、熟悉会计基本操作技能,为后续专业课程的学习打下坚实的基础。

　　该教材的突出特点如下:

　　(1)本教材打破以往按会计核算方法构建的教学内容体系,根据实际会计工作流程,按实际工作步骤来组织教学内容,为学生搭建了更为清晰的全盘账务处理框架。

　　(2)本教材以"必需"和"够用"为原则,针对目前高职学生的基础和认知特点,着重培养学生实践动手能力及解决问题的能力,将目前企业的实用知识编入教材,打破原来教材体系旧框架,删繁就简。

　　(3)本教材采用真实的账证资料,指导学生从建账、日常处理到期末处理,按实际工作流程和步骤,完成一个完整会计循环的各项工作,突出了对职业能力的培养,满足了实际会计工作岗位的基本能力需求。

　　(4)本教材各章节均附有精心编配的与教学内容配套的练习资料,为该课程的教学和自学带来了极大的方便。

　　我国对从事会计工作的人员实行从业资格管理,而基础会计又是获取会计从业资格证书必考科目之一,所以在教材编写过程中,不仅参考了最新的《企业会计准则》及新修订的相关法律、法规,还参考了最新的《会计从业资格考试大纲》。本教材的内容操作性强,既可作为高职高专财经管理类专业会计基础教学用书,也可供作会计实际工作者、经济管理人员在职培训使用。

　　本教材由张春萍(开封大学财经学院会计电算化教研室主任、高级会计师)、张金奎(河南开元空分集团有限公司财务总监、高级会计师)共同担任主编,高珊、张小刚担任副主编,赫丹参编。各章编写分工如下:张春萍(第六、七、八章),张金奎(第五章),高珊(第三章),张小刚(第二、四章),赫丹(第一章）。教材中所用到的原始凭证、记账凭证及各种账簿资料由河南开元空分集团有限公司财务总监张金奎提供并指导修改，最后由张春萍和张金奎对全书进行了系统的修改和总纂。

在教材编写过程中，我们参考了国内外相关文献资料，在此谨对原作者和出版社表示诚挚的谢意！

由于作者水平有限，教材中难免存在疏漏和不足之处，恳请各位同仁不吝赐教，以利于我们今后继续改修正和提高。

张春萍

2011 年 8 月

目　录

第一章 总 论

第一节 会计概述

一、会计的发展

会计是随着社会生产的发展和经济管理的要求而不断完善起来的。

会计早在公元前一千年左右就已经出现,当时主要作为生产职能的附带部分对劳动成果做简单的记录和计算。后来随着生产力的发展,会计才逐渐地从生产职能中分离出来,成为独立的职能,出现了独立从事对生产过程和劳动成果进行记录活动的簿记工作的专门人员。

据史料记载,"会计"一词在我国西周时代就已经出现,在西周时代,"会"与"计"连用便构成一个新词,用以表示当时会计核算的基本意义。根据西周"官厅会计"核算的具体情况考察,"会计"二字连用在当时的基本含义是:既有日常的零星核算,又有岁终的总合核算,通过日积、月累到岁会的核算,达到正确考核王朝财政经济收支的目的。

唐朝中期,出现了"四柱结算"方法的运用,我国古代的"四柱"是指"旧管"(上期结存)、"新收"(本期收入)、"开除"(本期支出)和"实在"(本期结存)这四大要素,古人形象地把它比作支撑大厦的四根支柱,以此表明四大要素在会计结算中的重要作用,故有"四柱"之名。其基本关系是"旧管+新收-开除=实在",现代会计学中称其为"四柱结算方程式"。宋朝以"量入为出"作为财政原则,皇帝和计臣都比较注意财政收支平衡问题。因此根据"四柱结算法"基本平衡公式,产生了四柱差额平衡公式:"新收-开除=见在-旧管",它代表着宋代会计核算的最新水平。

在"四柱结算法"的影响下,我国在明末清初出现了中国固有复式记账法的早期形态——"龙门账"。此账法是山西人傅山根据唐宋以来"四柱结算法"原理设计出的一种适合于民间商业的会计核算方法。其要点是将全部账目划分为进、缴、存、该四大类。"进"指全部收入;"缴"指全部支出;"存"指资产并包括债权;"该"指负债并包括业主投资。四者的关系是:该＋进＝存＋缴,或进－缴＝存－该。也就是说,结账时"进"大于"缴"或"存"大于"该"即为赢利。傅山将这种双轨计算盈亏并检查账目平衡关系的会计方法,形象地称为"合龙门","龙门账"因此而得名。"龙门账"的诞生标志着中式簿记由单式记账向复式记账的转变。

到清代,也是由于"四柱结算法"和"四柱"式会计报告编制方法的影响,这个时期在民间会计中产生了中国固有的复式记账法——"四脚账"。四脚账是一种比较成熟的复式记账方法。其特点是:注重经济业务的收方(即来方)和付方(即去方)的账务处理,不论现金收付事项或非现金收付事项(转账事项)都在账簿上记录两笔,既记入"来账",又记入"去账",而且来账和去账所记金额必须相等,否则说明账务处理有误。

我国"四柱结算法"的创立和运用比西式平衡结算法的出现要早好几百年,在世界会计发展史上,这一方法一度处于领先地位。我国的"四柱结算法",不仅得到世界会计史学家的肯定,而且普遍受到世界会计学者和研究者的重视。

在欧洲,复式簿记诞生于资本主义萌芽时期的意大利。1494 年,意大利数学家卢卡·帕乔利出版了《算术、几何、比及比例概要》,详细地阐述了借贷记账原理,标志着现代会计的正式产生,卢卡·帕乔利也被后人尊为"会计学之父"。

20 世纪 20 年代后,随着经济的发展,会计又进一步分成财务会计和管理会计两大分支。财务会计又称对外报告会计,主要向企业外部利益集团提供相关会计信息;管理会计主要侧重于为企业内部的预测、决策、规划与控制提供信息,所以又称为"对内会计"。

二、会计的概念

会计是以货币为主要计量单位,连续地、系统地、完整地反映和监督一个单位经济活动的一种经济管理工作。

会计的计量单位主要是货币。计量单位是指用来度量事物数量的尺度标准,通常包括三种计量单位,即实物、时间和货币。会计以货币作为计量单位,可以对不同形态的资产进行汇总与分割。货币具有其他计量单位所无法比拟的统一价值尺度的优势,可以满足会计核算中综合反映经济业务的需要。需要说明的是,会计在以货币为计量单位的同时,有时还需要辅之以其他计量单位,来进一步补充说明货币单位的具体内容,如用实物作为计量单位反映原材料和库存商品的数量,此类计量单位有千克、匹、件、盏等;用时间作为计量单位计算劳动报酬,此类计量单位有小时、星期、月份等。所以,会计以货币为主要计量单位,并不排除同时运用其他计量单位,货币不是会计的唯一计量单位。

连续性是指会计需要按照经济业务发生的时间顺序来进行记录;系统性是指会计需要按照经济业务的内容分门别类地记录与报告,即通过设置一系列的账户分别记录不同类型的经济业务;完整性是指会计需要将一个单位的全部经济活动都毫无遗漏地进行记录和报告。可见,连续性、系统性和完整性是会计的三个特点。

三、会计的职能

会计的职能是会计在经济管理活动中所具有的内在功能,即会计从本质上讲能够干什么。作为一种经济管理活动,会计的职能随着人类经济管理需求的发展而发展。《中华人民共和国会计法》(简称《会计法》)对会计的基本职能表述为:会计核算和会计监督。随着经济的发展,社会对管理的要求也越来越高,这也推动了会计职能的进一步发展。现代会计在原有的核算与监督基本职能的基础上,又进一步在参与管理方面产生了很多新的职能,主要包括参与预测、参与决策、参与控制和参与分析与考核。

(一)核算职能

会计的核算职能,是指会计通过确认、计量、记录、报告,从价值上反映各会计主体经济活动的发生及完成情况,为经济管理提供信息的功能。形象地说,会计核算就是从事记账、算账和报账的工作。会计核算的基本要求是真实、准确、完整、及时。

《会计法》第10条对需要进行核算的会计事项作了明确的规定,主要内容是:

(1)款项和有价证券的收付;

(2)财物的收发、增减和使用;

(3)债权债务的发生和结算;

(4)资本、基金的增减;

(5)收入、支出、费用、成本的计算;

(6)财务成果的计算和处理;

(7)需要办理会计手续、进行会计核算的其他事项。

经过会计核算取得的会计资料,可全面、客观地考核一个单位经济活动的过程和结果,考核其经济效益,便于及时发现工作中存在的问题和差距,为改进经营管理指出方向。会计核算不仅能够反映已经发生和完成的经济活动情况,还可以通过计算、分析,预测未来的经济发展趋势,为管理者进行科学决策提供依据。

（二）监督职能

会计监督是指会计在反映经济活动时,对会计资料的真实性、完整性,以及对会计事项的合理性、合法性所进行的检查与审核。

（1）检查会计资料的真实性和完整性是审查有关会计事项是否确实发生、有关会计凭证的内容与手续是否完整,防止手续不全、内容虚假的会计事项进入会计处理系统,以免产生虚假不实的会计信息,避免对信息使用者的决策产生误导。

（2）检查会计事项的合理性,主要是依据该单位的相关规章制度及有关计划、预算等内部控制的要求,审核经济业务是否有超支浪费及低效或无效事项,实现高效与控制费用成本的目标。

（3）检查会计事项的合法性,主要是依据国家及地方有关法律、法规审查经济业务的合法性与合规性,督促单位及相关人员合法经营,杜绝违法乱纪的事项。

（三）会计两大基本职能的关系

会计核算与会计监督是会计的两大基本职能,两者相辅相成、不可分割。核算职能是监督职能的基础,没有核算职能提供的信息,会计监督就没有监督的依据,失去存在的基础;监督职能是核算职能的保证,没有会计监督对经济活动过程进行控制,对会计凭证进行审核,会计核算就不可能提供真实可靠的会计信息,更无法发挥会计管理的能动作用,会计核算也就失去了存在的意义。

四、会计的对象

会计的对象是指会计所要反映和监督的内容,概括地说,会计的对象是一个单位能够用货币表现的经济活动。以货币表现的经济活动又称为资金运动,具体包括资金的进入和退出,资金在单位内部的循环和周转。

工业企业的资金运动按其运动的次序可分为资金投入、资金周转和资金退出三个基本环节,与此对应,工业企业的生产经营过程可以划分为供应过程、生产过程和销售过程。随着企业供、产、销过程的不断进行,企业的资金也在周而复始地循环和周转着,由货币资金开始,依次转化为储备资金、生产资金、成品资金,最后又回到货币资金状态。工业企业资金运动的具体过程如图1-1所示。

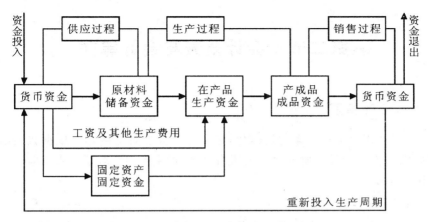

图 1-1　工业企业资金运动示意图

五、会计法规体系

会计工作是一个规范性很强的工作,它受国家和地方立法机关及中央、地方各级政府和行政部门制定颁布的有关会计方面的法律、法规、制度、办法和规定的限制。这些法律、法规、制度和办法是处理会计工作的规范,约束着会计信息制造者制造信息及信息使用者使用信息,共同构成了我国的会计基本法规体系。我国目前的会计法规制度体系,是以《会计法》为基础,以《企业会计准则》为核心,包括各单位内部会计核算制度在内的会计核算法规与制度所组成的会计规范体系。

现行会计基本规范体系主要包括八个方面:会计法、会计准则(一般准则和具体准则)、会计制度、会计基础工作规范、企业财务报告条例、会计档案管理办法、会计人员从业资格管理办法、内部会计控制规范。这八个方面从法律来源上讲,由高到低分为三个层次:(1)由全国人民代表大会统一制定的会计法律。例如,会计法是一部规范我国会计活动的基本会计法规。(2)由国务院(或财政部)制定的会计行政法规。例如,企业会计准则是按照基本法规的要求制定的专项会计法规,是制定会计制度的依据。(3)由企业根据企业会计准则的规定,结合企业具体情况制定的会计核算办法,即企业会计制度。

第二节　会计要素与会计等式

一、会计要素

会计要素是会计对象的具体化，是会计核算的具体内容。依据我国财政部颁布的《企业会计准则》，会计要素有六个，即资产、负债、所有者权益、收入、费用和利润。

（一）资产

资产是指企业过去的交易或者事项形成的、由企业拥有或者控制的、预期会给企业带来经济利益的资源。

1. 资产的特征

根据资产定义，企业的资产一般具有以下特征：

（1）资产必须是由过去的交易或事项所形成的经济资源。企业过去的交易或者事项包括购买、生产、建造行为或其他交易或者事项。预期在未来发生的交易或者事项不形成资产。例如，企业去年购买了一台设备，则该设备已经确认为企业的资产了；企业将在下月购买一批材料，则这批材料在本月不能确认为企业的资产。

（2）由企业拥有或者控制，是指企业享有某项资源的所有权，或者虽然不享有某项资源的所有权，但该资源能被企业所控制。例如，融资租入的固定资产，企业虽然不具有所有权，但由于租赁期占该项租入资产可使用期限的绝大部分，实际上已经具有该项资产的全部收益和风险，可以支配这些资产，此时按照实质重于形式的要求，也应视同自有资产。

（3）预期会给企业带来经济利益，是指直接或者间接导致现金和现金等价物流入企业的潜力。有些资产，如存货，通过交换获取经济利益，有些资产，如厂房设备等，能够为企业提供生产经营环境，为获得经济利益创造条件。

2. 资产的分类

资产按其流动性的强弱，可分为流动资产、非流动资产两大类。

（1）流动资产是指可以在一年或者超过一年的一个营业周期内变现或耗用的资产，主要包括库存现金、银行存款、交易性金融资产、应收及预付款项、存货等。

（2）非流动资产是指流动资产以外的资产，一般不能在一年内或长于一年的一个营业周期内变现或耗用,主要包括长期股权投资、持有至到期投资、固定资产、无形资产、其他非流动资产等。

（二）负债

负债是指企业过去的交易或者事项形成的、预期会导致经济利益流出企业的现时义务。

1. 负债的特征

根据负债的定义,企业的负债的一般具有以下特征:

(1)负债是基于企业过去的交易或事项所形成。企业的负债应当是已经发生的事项或交易所产生的,如购入原材料后尚未支付的材料款,产生了一项企业负债;而没有发生的交易或事项,如计划向银行借款或只是签订了借款合同,由于借款尚未收到,债务没有形成。

(2)负债是企业承担的现时义务。现时义务是指企业在现行条件下已承担的义务。未来发生的交易或者事项形成的义务,不属于现时义务,不应当确认为负债。

(3)企业现时义务的履行将会导致企业未来经济利益的流出。偿还债务可以用现有资产来偿还,如以银行存款偿还银行借款,也可以通过提供劳务的方式来偿债,但不论以什么方式清偿债务,都必然导致企业未来经济利益的流出。

(4)负债是能够用货币确切计量或合理估计的一项经济责任或义务。企业未来偿还负债的日期、债权人及偿还的金额是明确的,或者是可以合理地估计的,如果无法估计,则不应当作为负债确认。

2. 负债的分类

负债按其流动性分为流动负债和非流动负债。

(1)流动负债是指将在一年(含一年)或者超过一年的一个营业周期内偿还的债务,包括短期借款、应付票据、应付账款、预收账款、应付职工薪酬、应付股利、应交税费、其他应付款和一年内到期的非流动负债等。

(2)非流动负债是指流动负债以外的负债,一般偿还期在一年以上或者超过一年的一个营业周期以上,包括长期借款、应付债券和长期应付款等。

（三）所有者权益

所有者权益是指企业资产扣除负债后由所有者享有的剩余权益。其金额为资产减去负债的余额。企业全部资产减去负债后的余额可以称为净资产,它应该归属于所有者。

1. 所有者权益的特征

虽然负债和所有者权益都是企业资产的形成来源,共同构成了企业资产所对应的权益,但与负债相比,所有者权益又有自己的特征。

(1)所有者权益不具有偿还性。负债是企业向债权人借入的,所以需要到期偿还,在企业的总权益中属于优先权益;而企业在正常经营活动中,所有者权益则不需要偿还,只有在企业破产清算时,在企业全部资产清偿负债后若有剩余,则才向所有者分配剩余资产,属于剩余权益。

(2)所有者权益是所有者借以分配企业利润的重要依据。债权人向企业提供债务,企业需要偿还债务本金,同时也需要支付债务利息,但债权人不会参与企业经营成果的分配,相反,所有者则凭借其向企业投入了资本而参与企业利润的分配。

2. 所有者权益的构成

所有者权益包括实收资本(或者股本)、资本公积、盈余公积和未分配利润等。

(1)实收资本(或者股本)是指投资者按照企业章程或合同协议的约定,实际投入企业的资本,是所有者权益的重要组成部分。实收资本可以是货币资金投资,也可以是非货币资金,如固定资产、无形资产等投资。实收资本是投资人分配利润的依据,投资各方通常按照各自投资的份额分配利润。

(2)资本公积是指企业由于资本价值增值而形成的积累资金,包括股本溢价、接受捐赠、外汇资本折算差额等。

(3)盈余公积是指企业从净利润中提取形成的积累资金,属于具有特定用途的留存收益。盈余公积包括法定盈余公积、任意盈余公积和法定公益金等。

(4)未分配利润是指企业税后利润按照规定进行分配后的剩余部分。

(四)收入

收入有个义与狭义之分,我国《企业会计准则——基本准则》采用的是狭义的收入概念。收入是指企业在日常经营活动中形成的、会导致所有者权益增加的、与所有者投入资本无关的经济利益的总流入。

1. 收入的特点

根据收入的定义,收入一般具有以下几个特点:

(1)收入是从日常经营活动中产生,而不是从偶发交易或事项中产生。日常经营活动中,企业为实现其经营目标而进行的活动,如加工制造类企业的生产与销售产品收入、服务业为了实现其利润而对外提供的日常服务、商品流通类企业的销售商品收入等。对于出售自己使用的固定资产所得,则属于偶发事项,不属于收入的范畴。

(2)收入可以表现为企业资产的增加或负债的减少,或两者兼而有之。例如,销售商品的收入,表现为资产(货币资金、应收账款等)的增加,而销售已经预收货款的商品,则属于负债(预收账款)的减少。

(3)收入能导致所有者权益的增加。收入是经济利益的总流入,会引起企业所有者权益数额的增加。但值得注意的是,引起所有者权益增加的并非都是收入。

(4)收入只包括本企业经济利益的流入,而不包括为第三方或客户代收的款项,如销售商品时收取的销项税额就不属于收入的内容。

2.收入的分类

(1)收入按其性质可分为销售商品收入、提供劳务收入和让渡资产使用权收入。

销售商品收入是指企业出售商品而获得的收入。

提供劳务收入是指企业提供劳务而获得的收入。

让渡资产使用权收入是指通过提供他人使用本企业资产而获得的收入,包括利息收入、使用费收入等。

(2)收入按企业经营业务的主次可分为主营业务收入和其他业务收入。

主营业务收入是指企业日常活动中主要经营活动获得的收入,通常可以通过营业执照上注明的主营业务范围来确定。

其他业务收入是指通过主营业务外其他经营活动获得的收入。

(五)费用

费用有个义与狭义之分,我国《企业会计准则——基本准则》采用的是狭义的费用概念。费用是指企业在日常经营活动中发生的、会导致所有者权益减少的、与所有者分配利润无关的经济利益的总流出。

1.费用的特点

(1)费用是企业在日常经营活动中产生的经济利益的流出,如加工制造类企业采购原材料或商品流通类企业采购商品的支出,都属于费用;企业发生的行政管理费、广告营销费等,都是为了获得收入而发生的日常经营活动支出,属于费用的范畴;而企业生产经营过程中发生的偶然事项支出不属于费用范围。

(2)费用可以表现为资产的减少或负债的增加。企业采购原材料或商品,需要支付货款(资产的减少),若不支付货款,将产生一项负债(应付款项增加)。有时企业也会同时出现资产的减少和负债的增加。

2.费用的分类

费用按经济用途可分为生产费用和期间费用。生产费用是指应计入产品生产成本的费用,主要包括生产产品的直接材料费用、直接人工费用和间接费用等;期间费用是指不应由生产费用负担的费用,如销售费用、管理费用和财务费用等。

（六）利润

利润是指企业在一定会计期间的经营成果,包括营业利润、利润总额和净利润。

1.利润的特征

利润的特征主要表现在以下几个方面:

(1)利润金额取决于收入、费用,直接计入当期利润的利得或损失的差额。

(2)利润的本质属于企业的所有者权益。

(3)利润不等同于企业取得的货币资金。

(4)利润应当进行分配,如为亏损则应当予以弥补。

2.利润的层次

利润按其来源和列报程序,可以分为如下三个层次:

(1)营业利润。

$$营业利润＝营业收入－营业成本－营业税金及附加－销售费用－$$
$$管理费用－财务费用－资产减值损失＋$$
$$公允价值变动收益＋投资收益$$

(2)利润总额。

$$利润总额＝营业利润＋营业外收入－营业外支出$$

(3)净利润。

$$净利润＝利润总额－所得税费用$$

二、会计等式

（一）会计等式

通过对以上资产、负债、所有者权益、收入、费用、利润六个会计要素的介绍可以看出,上述各项会计要素之间存在着一定的数量关系,具体地表现为两个会计等式。

1.资产＝负债＋所有者权益

"资产＝负债＋所有者权益"是会计第一等式,也是最基本的会计等式。

等式的左侧为企业从事生产经营活动的经济资源,是企业进行生产经营活动和投资活动的基础;等式右侧是权益,即左侧经济资源的归属权,包括两部分,一部分是债权人权益,另一部分是所有者权益。其中债权人权益是企业的负债,属于优先权益,所有者权益则属于剩余权益。会计第一等式反映了企业在一定时点的财务状况,从而是编制资产负债表的理论依据。

2.收入－费用＝利润

"收入－费用＝利润"是会计第二等式,它从动态的角度反映了企业经营活动的过程与结果。企业在经营过程中会发生收入,同时,为了获得收入也需发生相应的费用,将一定期间发生的收入与当期发生的费用相减后,就是该期实现的财务成果,即利润。会计第二等式反映了企业在一定期间的经营活动业绩,它是编制利润表的理论依据。

一定期间实现的利润属于所有者权益的一部分,所以,从动态的角度来看,以上两个会计等式可以合并为:

$$资产＝负债＋所有者权益＋（收入－费用）$$

这个等式把企业的财务状况与经营成果联系起来,是对第一等式的补充,说明了企业经营成果对资产和所有者权益的影响,反映了在会计期内任一时刻的财务状况和经营成果。

(二)会计等式的恒等性

企业各项会计要素之间,始终保持着相应的恒等关系,虽然在生产经营活动时,某项业务发生后会引起资产、负债或所有者权益等会计要素的增减变化,但上述恒等关系仍然存在。

企业发生的经济业务类型,概括起来主要有以下四种:

(1)资产和权益同增,增加额相等;

(2)资产和权益同减,减少额相等;

(3)资产内部有增有减,增减额相等;

(4)权益内部有增有减,增减额相等。

【例1-1】　南方有限责任公司2010年1月1日资产、负债、所有者权益状况如表1-1所示。

表 1-1   南方有限责任公司资产负债表

单位:元

资　产	金　额	负债及所有者权益	金　额
库存现金	500	短期借款	40 000
银行存款	36 500	应付账款	15 000
应收账款	32 000	其他应付款	15 000
存　货	45 000	实收资本	260 000
固定资产	250 000	资本公积	34 000
总　计	364 000	总　计	364 000

（1）以银行存款 10 000 元购买固定资产。

该业务涉及资产项目"固定资产"增加和"银行存款"减少,固定资产由原来的 250 000 元变为 260 000 元,银行存款由原来的 36 500 元变为 26 500 元,资产总额和权益总额均未发生变化,仍为 364 000 元。等式左侧资产内部有关项目有增有减,增减的金额相等,所以资产总额不变,没有破坏恒等关系,如表 1-2 所示。

表 1-2   南方有限责任公司资产负债表

单位:元

资　产	金　额	负债及所有者权益	金　额
库存现金	500	短期借款	40 000
银行存款	26 500	应付账款	15 000
应收账款	32 000	其他应付款	15 000
存　货	45 000	实收资本	260 000
固定资产	260 000	资本公积	34 000
总　计	364 000	总　计	364 000

（2）以银行借款 3 000 元直接偿还前欠购货款。

该业务涉及权益项目"短期借款"增加和"应付账款"减少,短期借款由原来的 40 000 元变为 43 000 元,应付账款由原来的 15 000 元变为 12 000 元,资产总额和权益总额均未发生变化,仍为 364 000 元。等式右侧负债内部有关项目有增有减,增减的金额相等,所以负债总额不变,没有破坏恒等关系,如表 1-3 所示。

表 1-3　南方有限责任公司资产负债表

单位:元

资　产	金　额	负债及所有者权益	金　额
库存现金	500	短期借款	43 000
银行存款	26 500	应付账款	12 000
应收账款	32 000	其他应付款	15 000
存　货	45 000	实收资本	260 000
固定资产	260 000	资本公积	34 000
总　计	364 000	总　计	364 000

(3)收到上海美威公司投资款 40 000 元,存入银行。

该业务涉及资产项目"银行存款"增加,权益项目"实收资本"增加,银行存款由原来的 26 500 元变为 66 500 元,实收资本由原来的 260 000 元变为 300 000 元,资产和权益总额虽发生变化,但变化后两者的结果相等,均为 404 000 元。该项业务发生后,等式两边同时增加 40 000 元,没有破坏恒等关系,如表 1-4 所示。

表 1-4　南方有限责任公司资产负债表

单位:元

资　产	金　额	负债及所有者权益	金　额
库存现金	500	短期借款	43 000
银行存款	66 500	应付账款	12 000
应收账款	32 000	其他应付款	15 000
存　货	45 000	实收资本	300 000
固定资产	260 000	资本公积	34 000
总　计	404 000	总　计	404 000

(4)用银行存款偿还银行借款 20 000 元。

该业务涉及资产项目"银行存款"减少,权益项目"短期借款"减少,银行存款由原来的 66 500 元变为 46 500 元,短期借款由原来的 43 000 元变为 23 000 元,资产和权益总额虽发生变化,但变化后的结果两者相等,均为 384 000 元。该项业务发生后,等式两边同时减少 20 000 元,没有破坏恒等关系,如表 1-5 所示。

表 1-5　南方有限责任公司资产负债表

单位:元

资　产	金　额	负债及所有者权益	金　额
库存现金	500	短期借款	23 000
银行存款	46 500	应付账款	12 000
应收账款	32 000	其他应付款	15 000
存　货	45 000	实收资本	300 000
固定资产	260 000	资本公积	34 000
总　计	384 000	总　计	384 000

　　上述四种类型的经济业务没有破坏会计要素的恒等关系,对于涉及更加具体的业务,如负债内部项目有增有减的经济业务、所有者权益内部有关项目的增减变动、销售业务、支付费用等,也一样不会破坏会计要素之间的恒等关系。可见,经济业务发生后,虽然会引起有关会计要素的数额发生增减变动,但不会破坏会计恒等关系。这一恒等关系,对于组织会计核算具有十分重要的意义,它是设置账户、复式记账和编制会计报表的理论依据。

课后练习

一、单项选择题

1. 唐宋时期我国已出现了(　　　),成为中式会计的精髓。
　　A. 龙门账　　　　　　　　B. 四柱结算法
　　C. 四脚账　　　　　　　　D. 复式记账法

2. 我国最早出现的复式记账法是 (　　　)。
　　A. 四柱结算法　　　　　　B. 龙门账
　　C. 四脚账　　　　　　　　D. 借贷记账法

3. 会计的对象是(　　　)。
　　A. 企业的资金运动　　　　B. 企业的经营活动
　　C. 企业的管理活动　　　　D. 企业的生产活动

4. (　　　)是会计的基本职能。
　　A. 核算与预测　　　　　　B. 核算与监督
　　C. 分析与检查　　　　　　D. 决策与预算

5. 以下项目中属于流动负债的是(　　　)。
　　A. 借入 6 个月期借款　　　B. 借入 3 年期借款

C.发行的 3 年期公司债券　D.收外单位投资款

6.可以在一年或超过一年的一个营业周期内变现或耗用的资产,称为
(　　)。

A.费用　　B.流动资产　　C.存货　　D.短期资产

7.当一笔经济业务只涉及负债或所有者权益项目时,会计等式两边的金
额(　　)。

A.同增　　　　　　　　B.同减

C.不增不减　　　　　　D.一边增加,一边减少

8.企业收到前欠账款存入银行的业务属于(　　)。

A.一项资产增加,另一项资产减少

B.一项资产增加,另一项负债增加

C.一项资产增加,另一项所有者权益增加

D.一项资产增加,另一项负债减少

9.以下经济业务中会使企业资产总额增加的是(　　)。

A.以银行存款购买设备　　B.从银行借入三年期借款

C.以银行存款偿还到期借款　D.以盈余公积转增资本

10.以下经济业务中会使企业负债总额变化的是(　　)。

A.赊购机器设备　　　　　B.用盈余公积转增资本

C.将现金送存银行　　　　D.投资者投入资本金存入银行

11.企业资产总额为 80 万元,发生如下经济业务后,企业资产总额为
(　　)万元。

(1)从银行提取现金 1 万元;

(2)以银行存款偿还前欠账款 10 万元;

(3)收回客户前欠账款 15 万元存入银行;

(4)以银行存款 30 万元对外投资;

(5)投资者投入 40 万元存入银行。

A.90　　　B.95　　　　C.110　　　D.125

二、多项选择题

1.下列业务中,属于资金退出的有(　　)。

A.购买材料　　　　　　B.缴纳税金

C.分配利润　　　　　　D.银行借款

2.以下会计要素中,反映企业财务状况的是(　　)。

A.资产　　　　　B.负债　　　　　C.所有者权益

　　D. 收入　　　　　　　E. 费用　　　　　　　F. 利润

　3. 以下会计要素中,反映企业经营成果的是(　　　)。

　　A. 资产　　　　　　　B. 负债　　　　　　　C. 所有者权益

　　D. 收入　　　　　　　E. 费用　　　　　　　F. 利润

　4. 以下项目中属于流动资产的是(　　　)。

　　A. 银行存款　　　　　B. 应收账款　　　　　C. 固定资产

　　D. 长期投资　　　　　E. 存货

　5. 以下项目中属于流动负债的是(　　　)。

　　A. 应付账款　　　　　B. 应付债券　　　　　C. 短期借款

　　D. 长期借款　　　　　E. 应付职工薪酬

　6. 所有者权益包括(　　　)。

　　A. 实收资本　　　　　B. 资本公积　　　　　C. 盈余公积

　　D. 利润　　　　　　　E. 未分配利润

　7. 收入按其性质可分为(　　　)。

　　A. 销售商品收入　　　B. 提供劳务收入　　　C. 让渡资产使用权收入

　　D. 主营业务收入　　　E. 其他业务收入

　8. 对企业资产享有权益的有(　　　)。

　　A. 投资人　　　　　　B. 债务人　　　　　　C. 债权人

　　D. 企业职工　　　　　E. 国家

　9. 一项所有者权益增加的同时,引起的另一方面变化可能是(　　　)。

　　A. 一项资产增加　　　B. 一项资产减少　　　C. 一项负债增加

　　D. 一项负债减少　　　E. 另一项所有者权益减少

　10. 以下经济业务中,属于资产内部一增一减的有(　　　)。

　　　A. 从银行提取现金　　　　　　　B. 投资者向企业投入设备

　　　C. 从银行借入三个月期限借款　　D. 收回应收账款

　　　E. 以银行存款购买机器设备

　11. 下列项目中能够引起资产和负债同时变化的有(　　　)。

　　　A. 以银行存款购买设备　　　　　B. 从银行借入三年期借款

　　　C. 以银行存款偿还到期借款　　　D. 以盈余公积转增资本

三、判断题

　1. 会计以货币作为唯一的计量工具。　　　　　　　　　　　　　(　　　)

　2. 会计核算是会计监督的基础,会计监督是会计核算质量的保障。(　　　)

3.与所有者权益相比,负债一般有规定的偿还期,而所有者权益没有。 （ ）

4.资产包括固定资产和流动资产。 （ ）

5.负债是债权人权益,与所有者权益一起构成企业的权益。 （ ）

6.会计要素中既有反映财务状况的要素,也有反映经营成果的要素。 （ ）

7.资产和权益在数量上总是相等的。 （ ）

8.任何经济业务的发生都不会破坏会计基本等式的平衡关系。 （ ）

9.所有经济业务的发生,都会引起会计等式两边发生变化。 （ ）

10.经济业务发生可使一个资产项目增加的同时,一个负债项目减少。 （ ）

11.经济业务的发生可使一个所有者权益项目增加的同时,一个负债项目减少。 （ ）

四、业务练习题

练习一

目的:练习分析经济业务的发生引起会计要素增减变动情况。

资料:

1.国家投入企业 150 000 元,存入银行,作为资本金。

2.其他投资者投入全新机器设备 200 000 元,作为追加投资。

3.收回某企业的部分欠款 5 000 元。

4.偿还前欠某单位的材料款 8 000 元。

5.从银行提取现金 2 000 元。

6.生产车间领用材料 10 000 元,用于产品生产。

7.销售产品一批,取得货款 9 000 元,存入银行。

8.以银行存款支付水电费 3 000 元,其中生产车间耗用 2 500 元,管理部门耗用 500 元。

9.以现金 500 元暂付职工出差借款。

10.将已加工完成的产成品入库,其实际成本为 6 000 元。

要求:分析上述经济业务会引起哪些会计要素的增减变化。

练习二

目的:练习会计要素具体项目的分类,正确理解会计等式。

资料:某企业 2010 年 3 月 31 日资产、负债和所有者权益的有关项目如下:

1. 由出纳员保管的现金 8 000 元。

2. 存放在银行的款项 20 000 元。

3. 应收某企业的销售款 7 000 元。

4. 库存生产用原材料 55 000 元。

5. 库存完工的产品 20 000 元。

6. 厂房、机器设备共计 150 000 元。

7. 从银行取得的短期贷款 12 000 元。

8. 应付给某供货单位的材料款 8 000 元。

9. 从银行取得的长期贷款 89 000 元。

10. 投资者投入的资本 140 000 元。

11. 盈余形成的公积金 11 000 元。

要求:分析各项目应归属的会计要素类别,即资产、负债和所有者权益类,列表检验会计等式是否成立。

<h2 style="text-align:center">练习三</h2>

目的:掌握会计恒等式

资料:

假设某企业 2010 年 12 月 31 日的资产、负债和所有者权益的情况如表1-6所示

表 1-6

单位:元

资　产	金　额	负债及所有者权益	金　额
库存现金	2 000	短期借款	10 000
银行存款	30 000	应付账款	C
应收账款	A	应交税费	9 000
存　货	120 000	长期借款	200 000
长期股权投资	80 000	实收资本	350 000
固定资产	300 000	资本公积	25 000
合　计	612 000	合　计	B

要求:分别计算 A、B、C 的金额。

第二章 借贷记账法

第一节 会计科目

一、会计科目的概念

会计科目是对会计要素的具体内容进行分类核算的标志或项目。如前所述,会计对象具体内容表现为会计要素,而每一个会计要素又包括若干具体项目。例如,资产要素中包括了库存现金、银行存款、原材料等项目;负债要素中包括了短期借款、长期借款、应付账款等项目。为了全面、连续、系统地核算和监督经济活动引起的各会计要素的增减变化,就有必要对会计要素的具体内容按其不同特点和经营管理的要求进行科学分类,并事先确定进行分类核算的项目名称,规定其核算内容并按一定规律赋予其编号,这便是会计科目的设置。

二、会计科目的设置

(一)设置会计科目的原则

任何企业都必须设置一套适合自身特点的会计科目体系。无论是国家有关部门统一制定会计科目,还是企业单位自行设计会计科目,均应按照一定的原则进行。设置会计科目应遵循如下原则:

1.统一性原则

设置会计科目时,要根据有关会计法规的规定,特别是企业会计准则应用指南中对会计科目的规定,使用统一的会计核算指标与口径。这就可以保证通过统一口径的核算,提供在不同企业、不同地区和不同行业之间相互可比的会计信息,以支持财务信息使用者对本企业的财务状况和经营成果有全面真实的了解,也便于作出相关决策,同样,也为国家宏观管理部门提供相应的企业财务信息。

2. 灵活性原则

各企业单位的经济业务复杂多样,这就要求会计科目的设置必须充分地考虑到具体企业经济业务的特点。在服从统一的核算指标的前提下,可根据本企业自己的经营特点和规模、增减变化情况及投资者的要求,对统一规定的会计科目作必要增补或兼并。

3. 稳定性原则

为了便于对不同时期的会计资料进行对比分析,会计科目应保持相对稳定,以便在一定范围内综合汇总和在不同时期对比分析其所提供的核算指标。特别是采用会计电算化的单位,会计科目的变动需要修改计算机程序,工作量很大,因此会计科目不宜轻易变动。

(二)主要会计科目

根据企业会计准则应用指南的规定,企业会计核算主要包括 156 个具体的会计科目,并对会计科目进行了统一编号,其目的是供企业填制会计凭证、登记账簿、查阅会计账目、采用会计软件系统时参考。根据企业会计准则应用指南的要求,每一个企业可以在此基础上根据本单位实际情况自行增设、分拆、合并会计科目,企业不存在的交易或事项,可以不设置相关科目,并可结合企业实际情况自行确定会计科目的编号。表 2-1 中列出了企业最常用的会计科目。

表 2-1　企业主要会计科目表

序　　号	编　　号	会计科目名称	序　号	编　　号	会计科目名称
		一、资产类	29	2221	应交税费
1	1001	库存现金	30	2231	应付利息
2	1002	银行存款	31	2232	应付股利
3	1012	其他货币资金	32	2241	其他应付款
4	1101	交易性金融资产	33	2501	长期借款
5	1121	应收票据	34	2502	应付债券
6	1122	应收账款			三、共同类(略)
7	1123	预付账款			四、所有者权益类
8	1131	应收股利	35	4001	实收资本
9	1132	应收利息	36	4002	资本公积
10	1221	其他应收款	37	4101	盈余公积
11	1231	坏账准备	38	4103	本年利润
12	1401	材料采购	39	4104	利润分配
13	1403	原材料			

序 号	编 号	会计科目名称	序 号	编 号	会计科目名称
14	1405	库存商品			五、成本类
15	1411	周转材料	40	5001	生产成本
16	1501	持有至到期投资	41	5101	制造费用
17	1511	长期股权投资			
18	1601	固定资产			六、损益类
19	1602	累计折旧	42	6001	主营业务收入
20	1701	无形资产	43	6051	其他业务收入
21	1702	累计摊销	44	6111	投资收益
22	1801	长期待摊费用	45	6301	营业外收入
23	1901	待处理财产损溢	46	6401	主营业务成本
			47	6402	其他业务成本
		二、负债类	48	6403	营业税金及附加
24	2001	短期借款	49	6601	销售费用
25	2201	应付票据	50	6602	管理费用
26	2202	应付账款	51	6603	财务费用
27	2203	预收账款	52	6711	营业外支出
28	2211	应付职工薪酬	53	6801	所得税费用

三、会计科目的分类

会计科目按不同分类标准,可分为不同的种类。

(一)会计科目按其经济内容分类

从表 2-1 中可以看到,企业会计科目按经济内容可以分为六大类,即资产类、负债类、共同类、所有者权益类、成本类和损益类。

(二)会计科目按其提供核算资料的详略程度不同分类

为了更好地满足企业内部经营管理的需要,也能满足各方面会计信息使用者对会计核算资料详略程度不同的要求,会计科目应分层设置,按会计科目提供指的详略程度不同,可分为总分类科目和明细分类科目。

1.总分类科目

总分类科目,又称总账科目,是对会计要素具体内容进行的总括分类,是反映会计核算资料总括指标的科目,如"库存现金"、"银行存款"、"应收账款"、"原材料"、"短期借款"、"实收资本"等。

2.明细分类科目

明细分类科目,亦称明细科目或细目,是对总分类科目的经济内容所作的进一步分类,是用来辅助总分类科目反映会计核算资料详细、具体指标的科目。例如,在"管理费用"总分类科目下设置"工资"、"折旧费"、"差旅费"、"办公费"等明细科目,分类反映管理费用具体情况。

明细分类科目的设置,要根据经济管理的具体需要来进行。有的总分类科目需要设置明细科目,如"应收账款"、"应付账款"、"管理费用"等;有的总分类科目无须设置明细分类科目,如"累计折旧"、"本年利润"等。在实际的会计核算工作中,若一个总分类科目下设置的明细分类科目过多,往往会给记账、稽核、查对等带来诸多不变。这时,就可在总分类科目与明细分类科目之间增设二级或多级科目。此时,最明细级科目称为细目,总分类科目与细目之间的科目,统称为子目。也可以按科目由上至下的隶属关系,从总账科目开始依次称为一级科目、二级科目、三级科目等。

同一会计科目内部的纵向级次关系如表 2-2 所示,它们之间是总括与详细、统驭与从属的关系。

表 2-2　总分类科目

总分类科目	明细分类科目		
（一级科目）	子目（二级科目）	子目（三级科目）	细目（四级科目）
原材料	不锈钢管	圆管	Φ3
			Φ4
			Φ5
		扁管	5×10
			10×20
			10×30
		方管	8×8
			10×10
			12×12

第二节　账　户

一、账户的概念

账户是根据会计科目开设的,具有一定的结构,用来分类反映会计要素增减变动及其结果的一种工具。

会计科目是按照会计要素的具体内容进行分类的项目,是账户的名称;账户则是在会计科目的基础上,通过一定的结构详细地反映该类经济业务或事项增减变动的过程和结果。通过设置相应的账户,将同类经济业务集中反映在同一个账户里,这样就便于对经济业务数据进行信息处理,以提供对决策有用的信息。

由于账户是根据会计科目设置的,所以账户的分类应当与会计科目的分类一致。例如,账户按其经济内容分类,可分为六类账户,即根据资产类会计科目设置的账户就称为资产类账户,根据负债类会计科目设置的账户称为负债类账户,以此类推。

由于会计科目又可以按照它所提供的核算资料的详略程度不同分为总分类科目和明细分类科目,因此,账户也应该相应的设置总分类账户和明细分类账户。根据总分类科目设置的账户被称为总分类账户,又称总账账户或一级账户。根据明细分类科目设置的账户被称为明细分类账户,也称明细账户,其中按二级科目设置的账户又被称为二级账户。

二、账户的一般结构

(一)账户的基本内容及一般格式

账户的格式取决于它所反映指标的具体内容,在会计实务中,账户的具体格式可根据实际需要来设计,并不完全相同,可以多种多样。但一般来说,任何一种账户格式的设计,都应包括以下基本内容:

(1)账户的名称(会计科目);

(2)"登账"的日期(说明经济业务发生的时间);

(3)记账凭证号数(作为登记账户的来源和依据的记账凭证的编号);

(4)摘要(概括地说明经济业务的内容);

(5)增加和减少的金额。

上列账户格式所包括的内容是账户的基本结构,这种账户格式是手工记账经常采用的格式。实际工作中,账户的结构、格式也千差万别,账户的一般结构与格式如表 2-3 所示。

表 2-3　总分类账

×年		凭证字号	摘要	借　方										贷　方										借或贷	余　额										√
月	日			亿	千	百	十	万	千	百	十	元	角	分	亿	千	百	十	万	千	百	十	元	角	分		亿	千	百	十	万	千	百	十	元	角	分	

(二)T 形账户

为了更加直观地说明问题,也为了学习的方便,我们可以以一种简化的形式给出账户的基本格式,这种账户的结构可简化为"T"形账,或者称之为"丁"字账。

T 形账户的左右两方分别用来记录增加金额和减少金额,增加金额和减少金额相抵后的差额,称为账户余额。余额按其表现的时间,分为期初余额和期末余额。会计期间内的增加额、减少额称为发生额。因此通过账户记录,可以提供期初余额、本期增加额、本期减少额和期末余额四个核算指标。

(1)期初余额。上期的期末余额就是本期的期初余额,因此其数字来源于相同账户上期期末余额的结转。

(2)本期增加额。即一定会计期间内账户所登记的增加金额的合计数。

(3)本期减少额。即一定会计期间内账户所登记的减少金额的合计数。

(4)期末余额。

四个核算指标之间的关系可以表述为:

期末余额＝期初余额＋本期增加发生额合计－本期减少发生额合计

常用的"T"形账户格式如图 2-1 所示。

借方	账户名称	贷方		借方	账户名称	贷方
期初余额 本期增加额		本期减少额		本期减少额		期初余额 本期增加额
本期增加发生额合计		本期减少发生额合计		本期减少发生额合计		本期增加发生额合计
期末余额						期末余额

图 2-1　"T"形账户示意图

【例 2-1】　若南方有限责任公司期初银行存款为 150 万元,2010 年 6 月共发生如下涉及银行存款的经济业务,分别是:

(1)6 日,取得短期借款 30 万元存入银行。

(2)9 日,销售商品,收回货款 10 万元存入银行。

(3)12 日,以银行存款购入原材料 25 万元。

(4)12 日,以银行存款偿还原欠供应单位的材料款 15 万元。

(5)12 日,以银行存款支付本月职工工资 80 万元。

南方有限责任公司将这些涉及银行存款的经济业务逐笔登记到"银行存款"账户中,如图 2-2 所示。

借方	银行存款	贷方
期初余额: 1 500 000		
增加数:	减少数:	
①300 000	③250 000	
②100 000	④150 000	
	⑤800 000	
本期发生额:400 000	本期发生额:1 200 000	
期末余额:700 000		

图 2-2

在一个账户的结构中,左方和右方分别表示增加或减少,采用借贷记账法核算时,账户的左方用"借方"表示,账户的右方用"贷方"表示,但究竟哪一方登记增加,哪一方登记减少,则要取决于账户的具体性质。

第三节　借贷记账法

一、复式记账法

复式记账法是从单式记账法发展起来的一种比较完善的记账方法。

复式记账法是指对任何一笔经济业务都必须同时在两个或两个以上的有关账户中进行相互联系地登记的记账方法。

例如,以现金 2 000 元购入生产用原材料,在复式记账法下,不仅要在"库存现金"账户中登记减少 2 000 元,而且还要在"原材料"账户中登记增加 2 000元,这就说明库存现金减少的原因是用于购买了原材料;又如赊销一批产品 6 000 元,则既在"应收账款"账户中登记增加 6 000 元,同时又在销售收入账户中登记增加 6 000 元,这就说明应收账款增加的原因是由于销售产品,货款尚未收到形成了债权。还有一些经济业务,需要在两个以上的账户中进行登记。例如,企业用银行存款 8 000 元,购买原材料 9 000 元,另 1 000 元暂欠,对这项经济业务就需要在三个账户中登记,一是在"银行存款"账户中登记减少 8 000 元,二是在"应付账款"账户中登记增加 1 000 元,三是在"原材料"账户中登记增加 9 000 元。这样就全面反映出银行存款减少 8 000 元的原因购买了原材料,另外 1 000 元暂欠。采用复式记账法时,每一笔经济业务所涉及的两个或两个以上的账户之间,是有着相互联系的关系的,这种关系被称为对应关系。一笔经济业务可以将两个或两个以上的账户联系在一起,一方面可以全面而详细地反映该项经济业务的来龙去脉,再现经济业务的全貌;另一方面有助于进行检查,以保证账簿记录结果的正确性。

根据记账符号、记账规则等的不同,复式记账法又可分为借贷记账法、收付记账法和增减记账法,目前,世界各国广泛采用的复式记账法是借贷记账法。这是因为借贷记账法经过数百年的实践,已被全世界的会计工作者普遍接受,是一种比较成熟、完善的记账方法。我国于 20 世纪 60 年代后期根据借贷记账法的基本原理,创造了以"增"、"减"为记账符号的增减记账法和以"收"、"付"为记账符号的收付记账法,并一度分别在商业企业和行政、事业单位广泛应用。但是,这两种记账方法均不如借贷记账法科学、严密,因此,这两种记账方法也就慢慢退出了会计实务。

二、借贷记账法

(一)借贷记账法的历史沿革

借贷记账法是以会计等式作为记账原理,以"借"、"贷"作为记账符号来反映经济业务的增减变化的一种复式记账方法。据史料记载,借贷记账法大约起源于十二、十三世纪封建社会开始瓦解、资本主义开始萌芽的意大利,到十四、十五世纪已逐步形成比较完备的复式记账法,并流行于意大利工商业和银行业比较发达的沿海城市。

1494 年,意大利数学家卢卡·帕乔利(Luca Pacioli)在威尼斯出版了《算术、几何、比及比例概要》一书。书中系统地阐述了复式簿记的理论与方法,是人类最早关于复式记账的文献。这部著作的发表不仅轰动了意大利的数学界,而且也引起会计界人士的关注。人们认为,这部著作不仅是欧洲数学发展史上的光辉篇章,而且开创了世界会计发展史上的新纪元。1494 年后,卢卡·帕乔利的著作先后被译为英文、法文、荷兰文、德文、西班牙文等,从而使借贷记账法在世界各国得到迅速地传播。在亚洲,日本从"明治维新"开始,通过引进、推广欧美的先进会计方法与理论,不仅在会计改革中获得成功,而且在促进借贷记账法的发展方面做出了一定的贡献。

在我国,最早介绍借贷记账法的书籍是 1905 年由蔡锡勇所著的《连环账谱》。1907 年,由谢霖和孟森合作编纂的《银行簿记学》在日本东京发行,成为我国第二部介绍借贷记账法的著作。借贷记账法进入我国,首先应用于那些由外国人开办的工厂、商行、银行,以及根据不平等条约受帝国主义控制的海关、铁路和邮政部门。咸丰八年(1858 年)后由英国人控制的海关是我国最早应用借贷记账法的部门。光绪二十三年(1897 年),盛宣怀创办的中国第一个商业性质的银行——中国通商银行,是我国自办银行,是采用借贷记账法的先驱。国民政府实业部于 1930 年推行了借贷记账法的统一办法,从此借贷记账法逐渐成为我国工商界、银行界习惯运用的记账方法之一。

(二)借贷记账法的基本内容

主要从记账符号、账户结构、记账规则、账户的对应关系和会计分录、试算平衡五个方面介绍借贷记账法。

1. 记账符号

借贷记账法的记账符号是"借"和"贷"。在借贷记账法下,"借"和"贷"本身没有确切的含义,纯粹是一种记账符号,代表了相应的金额记录方向,但究竟是由"借"还是由"贷"来表示增加或是减少,需要结合具体性质的账户才能确定。

2. 账户结构

账户的基本结构分为左、右两方。通常规定,账户的左方为"借"方,账户的右方为"贷"方。账户的一般格式如表 2-4 所示。

表 2-4　总分类账

×年		凭证字号	摘要	借　方										贷　方										借或贷	余　额										✓
月	日			亿	千	百	十	万	千	百	十	元	角	分	亿	千	百	十	万	千	百	十	元	角	分		亿	千	百	十	万	千	百	十	元	角	分	

为了便于说明,可以用简化的账户格式即"T"形账户表示,如图 2-3 所示。

借方　　　　　　　　账户名称　　　　　　　　贷方

图 2-3　简化的"T"形账户

下面就不同性质的账户说明账户的结构。

(1)资产类账户的账户结构。它是用来记录资产的账户,账户的借方登记资产的增加额,账户的贷方登记资产的减少额,账户如有余额,一般为借方余额,表示期末资产余额。资产类账户的账户结构如图 2-4 所示。

借方　　　　　　　　资产类账户　　　　　　　　贷方

期初余额×××
本期增加额×××　　　　　　　本期减少额×××
　　　：　　　　　　　　　　　　　：
　　　：　　　　　　　　　　　　　：
本期发生额×××　　　　　　　本期发生额×××
期末余额×××

图 2-4　资产类账户的结构

资产账户的期末余额可以根据下列公式计算：

期末借方余额＝期初借方余额＋本期借方发生额－本期贷方发生额

【例2-2】　南方有限责任公司2010年8月1日仓库结存原材料价值9 200元，本月购进4 000元，生产领用8 000元。问8月末能结存多少原材料？

月末结存材料(5 200)＝月初结存材料(9 200)＋本月购进材料(4 000)－
本月生产领用(8 000)

如果用"T"形账户表示，则如图2-5所示。

借方	原材料	贷方
期初余额：9 200		
本期购进：4 000	本期领用：8 000	
本期发生额：4 000	本期发生额：8 000	
期末余额：5 200		

图2-5　"原材料"账户的结构

(2)负债类账户的账户结构。它是用来记录负债的账户，账户的贷方登记负债的增加额，账户的借方登记负债的减少额，账户如有余额，一般为贷方余额，表示期末负债余额。负债类账户的账户结构如图2-6所示。

借方	负债类账户	贷方
	期初余额×××	
本期减少额×××	本期增加额×××	
⋮	⋮	
⋮	⋮	
本期发生额×××	本期发生额×××	
	期末余额　　×××	

图2-6　负债类账户的结构

负债账户的期末余额可以根据下列公式计算：

期末贷方余额＝期初贷方余额＋本期贷方发生额－本期借方发生额

【例2-3】　南方有限责任公司2010年8月5日有尚未支付的料款3 000元，本月支付前欠料款1 000元，本月新购进原材料2 000元，款未付。问8月末尚未支付的料款是多少?

月末欠款(4 000)＝期初欠款(3 000)＋本月新购材料欠款(2 000)－本月
支付的前欠料款(1 000)

如果用"T"形账户表示,则如图 2-7 所示。

借方	应付账款	贷方
	期初余额:3 000	
本期减少额:1 000	本期增加额:2 000	
本期发生额:1 000	本期发生额:2 000	
	期末余额:4 000	

图 2-7　应付账款账户的结构

(3)所有者权益类账户的账户结构。它是用来记录所有者权益的账户,账
户的贷方登记所有者权益的增加额,借方登记所有者权益的减少额,账户如有
余额,一般为贷方余额,表示期末所有者权益余额。所有者权益类账户的账户
结构如图 2-8 所示。

借方	所有者权益类账户	贷方
	期初余额×× ×	
本期减少额×× ×	本期增加额×× ×	
⋮	⋮	
⋮	⋮	
本期发生额×× ×	本期发生额×× ×	
	期末余额×× ×	

图 2-8　所有者权益类账户的结构

所有者权益类账户期末余额的计算公式与负债类账户相同。

【例 2-4】　南方有限责任公司 2010 年 8 月 1 日有实收资本 900 000 元,
本月收到投资 100 000 元。问 8 月末实收资本是多少?

月末实收资本(1 000 000)＝期初余额(900 000)＋

本月新收投资额(100 000)

如果用"T"形账户表示,则如图 2-9 所示。

借方	实收资本	贷方
	期初余额:900 000	
本期减少额:	本期增加额:100 000	
本期发生额:	本期发生额:100 000	
	期末余额:1 000 000	

图 2-9 实收资本账户的结构

由于账户按会计要素可以分为资产、负债、所有者权益、成本和损益五大类。上面已经介绍了资产、负债和所有者权益类账户的结构,那么成本、损益类的结构如何呢?由于损益类账户包括两层含义,一是收益,二是费用,而收益和费用的经济性质完全不同,因此它们的账户结构也不相同。成本和费用类账户的经济性质大致相同,都是经营过程中的资金耗费,所以将成本类账户与损益类账户的内容重新组合为成本费用类账户与收益类账户。

(4)成本费用类账户的结构。企业在生产经营活动中要有各种耗费,有成本费用的发生。在成本费用抵消收入以前,可以将其看成一种资产。因此,成本费用账户的结构与资产类账户的结构基本相同,账户的借方登记成本费用的增加额,账户的贷方登记成本费用的转销额。由于借方登记的成本费用一般都要通过贷方转出,所以账户通常没有期末余额,如有余额,也为借方余额。其结构如图 2-10 所示。

借方	成本费用类账户	贷方
本期成本费用增加额××× : :	本期成本费用转出额××× : :	
本期发生额××× 期末余额:0 或借方余额	本期发生额×××	

图 2-10 成本费用类账户的结构

(5)收益类账户的结构。公司、企业取得的收入最终会导致所有者权益发生变化。收益的增加可视同所有者权益的增加,因此决定了收益类账户的结构与所有者权益类账户结构基本相同。收益类账户的贷方登记收益的增加额,账户的借方登记收益的转销额。通常该账户没有余额。其账户结构如图

2-11 所示。

借方	收益类账户	贷方
本期收益转出额×××	本期收益增加额×××	
⋮	⋮	
⋮	⋮	
本期发生额×××	本期发生额×××	
	期末余额:0	

图 2-11 收益类账户的结构

从上述分析不难看出,"借"、"贷"作为记账符号所记录的经济内容随着账户的经济性质不同而不同,但是各类账户的期末余额应与记录该账户增加额的方向是一致的。因此,根据账户余额所在方向来判断账户的性质,是借贷记账法的一个重要特点。

用"T"形账户表示全部账户结构,如图 2-12 所示。

借方	账户名称	贷方
资产增加额	资产减少额	
成本费用增加额	成本费用转出额	
负债减少额	负债增加额	
所有者权益减少额	所有者权益增加额	
收益转出额	收益增加额	
期末余额:资产(成本费用)结存数	期末余额:负债、所有者权益结存数	

图 2-12 全部账户的"T"形结构

3. 记账规则

记账规则又称记账规律,概括地说,借贷记账法的记账规则是:有借必有贷,借贷必相等。即借贷记账法要求对每笔经济业务都要以相等的金额在记入一个或若干个账户借方的同时,记入另一个或若干个账户的贷方。

下面依据上述步骤,采用借贷记账法,举例说明借贷记账法的记账规则。

【例 2-5】 南方有限责任公司 2010 年 9 月 1 日初有关账户余额如表 2-5 所示。

表 2-5　南方有限责任公司 2010 年 9 月初账户余额

资产账户	借方余额	负债及所有者权益账户	贷方余额
库存现金	1 000	短期借款	40 000
银行存款	50 000	应付账款	51 000
应收账款	40 000	应付利润	30 000
原材料	100 000	实收资本	520 000
固定资产	490 000	资本公积	40 000
合　计	681 000	合　计	681 000

9 月份,该公司共发生 11 项经济业务,现逐项进行分析。

(1)收到投资者投入货币资金 200 000 元,手续已办妥,款项已转入本公司的存款户头。

该项业务属于资产与所有者权益同增的经济事项,应设置资产类账户的"银行存款"账户和所有者权益类账户的"实收资本"账户;同时根据借贷记账法的账户结构,记入"银行存款"账户的借方及"实收资本"账户的贷方。用"T"形账户登记如图 2-13 所示。

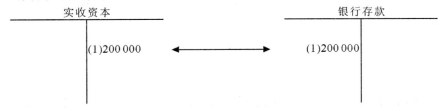

图 2-13　账户的"T"形结构

(2)向 B 公司购买所需原料,料已入库,但由于资金周转紧张,料款45 000元尚未支付。

该项业务属于资产与负债同增的经济事项,应设置资产类账户的"原材料"账户和负债类账户的"应付账款"账户;同时根据借贷记账法的账户结构,记入"原材料"账户的借方及"应付账款"账户的贷方。用"T"形账户登记如图2-14 所示。

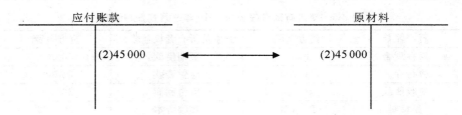

图 2-14　账户的"T"形结构

(3)通过银行转账支付本月到期的银行借款 30 000 元。

该项业务属于资产与负债同减的经济事项,应设置资产类账户的"银行存款"账户和负债类账户的"短期借款"账户;同时根据借贷记账法的账户结构,记入"银行存款"账户的贷方及"短期借款"账户的借方。用"T"形账户登记如图 2-15 所示。

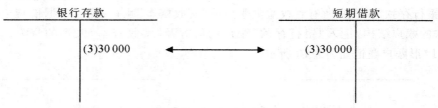

图 2-15　账户的"T"形结构

(4)上级主管部门按法定程序将 1 台价值 40 000 元的设备调出以抽回国家对南方有限责任公司的投资。

该项业务属于资产与所有者权益同减的经济事项,应设置资产类账户的"固定资产"账户和所有者权益类账户的"实收资本"账户;同时根据借贷记账法的账户结构,记入"固定资产"账户的贷方及"实收资本"的借方。用"T"形账户登记如图 2-16 所示。

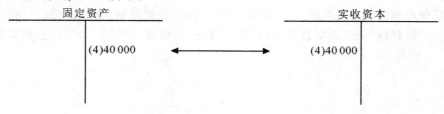

图 2-16　账户的"T"形结构

(5)开出现金支票一张,提取现金 10 000 元备用。

该项业务属于资产内部有增有减的经济事项,应设置同属资产类账户的"银行存款"账户和"库存现金"账户;同时根据借贷记账法的账户结构,记入"银行存款"账户的贷方及"库存现金"账户的借方。用"T"形账户登记如图2-17所示。

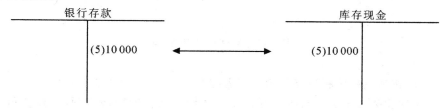

图 2-17 账户的"T"形结构

(6)取得银行短期借款 45 000 元,直接偿还应付账款。

该项业务属于负债内部有增有减的经济事项,应设置同属负债类账户的"短期借款"账户和"应付账款"账户;同时根据借贷记账法的账户结构,记入"短期借款"账户的贷方及"应付账款"账户的借方。用"T"形账户登记如图2-18所示。

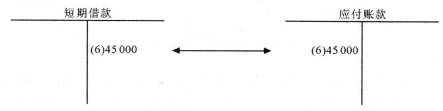

图 2-18 账户的"T"形结构

(7)按法定程序将资本公积 30 000 元转增资本金。

该项业务属于所有者权益内部有增有减的经济事项,应设置同属于所有者权益类账户的"实收资本"账户和"资本公积"账户;同时根据借贷记账法的账户结构,记入"实收资本"账户的贷方及"资本公积"账户的借方。用"T"形账户登记如图2-19所示。

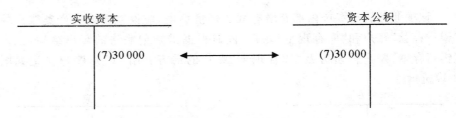

图 2-19　账户的"T"形结构

(8)按法定程序将应支付给投资者的利润 20 000 元转增资本金。

该项业务属于负债与所有者权益之间增减变化的经济事项,应设置负债类账户的"应付利润"账户和所有者权益类账户的"实收资本"账户;同时根据借贷记账法的账户结构,记入"应付利润"账户的借方及"实收资本"账户的贷方。用"T"形账户登记如图 2-20 所示。

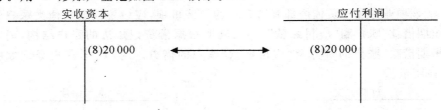

图 2-20　账户的"T"形结构

(9)C 公司欠 D 公司货款 30 000 元,委托本公司代为偿还,当日办理了有关手续,作为 C 公司对本公司投资的减少。本公司尚未偿还 D 公司该款项。

该项业务属于负债与所有者权益之间增减变化的经济事项,应设置负债类账户的"应付账款"账户和所有者权益类账户"实收资本"账户;同时根据借贷记账法的账户结构,记入"应付账款"账户的贷方及"实收资本"账户的借方。用"T"形账户登记如图 2-21 所示。

图 2-21　账户的"T"形结构

上述事项已可以说明,对于涉及资产、负债和所有者权益变化的经济业务类型的处理,都是有借方就相对应的有贷方,而且借贷的金额是相等的。下面再分析影响动态要素变化的经济业务的情况。

(10)用库存现金 500 元购买办公用品。

该项业务属于费用与资产之间此增彼减的经济事项,应设置资产类账户的"库存现金"账户和成本费用类账户的"管理费用"账户;同时根据借贷记账法的账户结构,记入"库存现金"账户的贷方及"管理费用"账户的借方。用"T"形账户登记如图 2-22 所示。

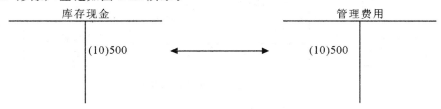

图 2-22　账户的"T"形结构

(11)出售价值 20 000 元的商品,货款尚未收到。

该项业务属于资产与收入同增的经济事项,应设置资产类账户的"应收账款"账户和收益类账户的"主营业务收入"账户;同时根据借贷记账法的账户结构,记入"应收账款"账户的借方及"主营业务收入"账户的贷方。用"T"形账户登记如图 2-23 所示。

图 2-23　账户的"T"形结构

通过以上举例,已经概括了企业的所有业务类型,而无论哪种类型的经济业务,都是以相等的金额同时记入有关账户的借方和另一账户的贷方。这样就可以归纳出借贷记账法的记账规则为"有借必有贷,借贷必相等",这一记账规则如图 2-24 所示(图中①～⑨为例题序号,也即九种业务类型)。

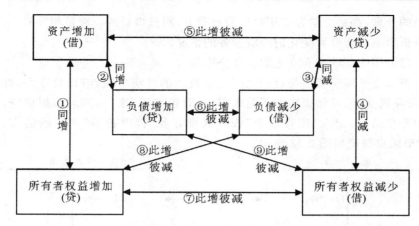

图 2-24　借贷记账法的记账规则

4. 会 计 分 录

　　从以上举例可以看出,在运用借贷记账法进行核算时,在有关账户之间存在着应借应贷的相互关系,账户之间的这种相互关系称为账户的对应关系。存在对应关系的账户称为对应账户。

　　在借贷记账法下,会计分录是指用来反映每一笔经济业务所应借应贷的账户及其金额的记录。通过编制会计分录,有利于保证账户记录的正确性,并便于事后检查,会计分录是在记账凭证上编制的,并据以登记有关账户。如果某项经济业务只涉及一个账户的借方与一个账户的贷方相对应,则这种会计分录被称为简单会计分录;如果某项经济业务涉及一个账户的借方与多个账户的贷方相对应或多个账户的借方与一个账户的贷方相对应,则这种会计分录被称为复合会计分录。

　　简单会计分录的编制。现将【例 2-5】的经济业务用简单会计分录表示如下:

　　(1)借:银行存款　　　　　　　　　　　　　　　　200 000
　　　　　贷:实收资本　　　　　　　　　　　　　　　　　　200 000
　　(2)借:原材料　　　　　　　　　　　　　　　　　45 000
　　　　　贷:应付账款　　　　　　　　　　　　　　　　　　45 000
　　(3)借:短期借款　　　　　　　　　　　　　　　　30 000
　　　　　贷:银行存款　　　　　　　　　　　　　　　　　　30 000
　　(4)借:实收资本　　　　　　　　　　　　　　　　40 000
　　　　　贷:固定资产　　　　　　　　　　　　　　　　　　40 000

(5)借:库存现金　　　　　　　　　　　　10 000
　　贷:银行存款　　　　　　　　　　　　　　　　10 000
(6)借:应付账款　　　　　　　　　　　　45 000
　　贷:短期借款　　　　　　　　　　　　　　　　45 000
(7)借:资本公积　　　　　　　　　　　　30 000
　　贷:实收资本　　　　　　　　　　　　　　　　30 000
(8)借:应付利润　　　　　　　　　　　　20 000
　　贷:实收资本　　　　　　　　　　　　　　　　20 000
(9)借:实收资本　　　　　　　　　　　　30 000
　　贷:应付账款　　　　　　　　　　　　　　　　30 000
(10)借:管理费用　　　　　　　　　　　　　500
　　　贷:库存现金　　　　　　　　　　　　　　　　500
(11)借:应收账款　　　　　　　　　　　　20 000
　　　贷:主营业务收入　　　　　　　　　　　　　20 000

复合会计分录的编制。上述会计分录均为简单会计分录,下面举例说明复合会计分录的编制。

【例 2-6】　购买原材料一批,价值 50 000 元,其中以银行存款支付30 000元,其余款项尚未支付。

该项业务涉及资产类账户的"原材料"账户、"银行存款"账户及负债类账户的"应付账款"账户,编制复合会计分录如下:

借:原材料　　　　　　　　　　　　　　50 000
　贷:银行存款　　　　　　　　　　　　　　　　30 000
　　应付账款　　　　　　　　　　　　　　　　20 000

复合会计分录实质上是由简单会计分录合并而成,如此例就可分解为两个简单会计分录。

借:原材料　30 000　　　　　　　　借:原材料　20 000
　贷:银行存款　30 000　　　　　　　　贷:应付账款　20 000

5.试算平衡

试算平衡是指通过验算账户之间的数量平衡关系来检验账户记录是否正确的方法。

为了保证会计核算的准确性,在记账之前,应当检查编制的众多会计分录是否正确无误。这项工作是通过发生额试算平衡来完成的。

在借贷记账法下,对每笔经济业务都遵从"有借必有贷,借贷必相等"的记账规则,因此,在一定时期内(如一个月),所有账户的借方本期发生额合计数

与贷方本期发生额合计数必然相等,用公式表示为:

全部账户借方发生额合计＝全部账户贷方发生额合计

以上公式称为发生额试算平衡公式,由于发生额属于动态的会计指标,因此,又称为动态平衡公式。

此外,根据借贷记账法下的账户结构,只有资产类账户才有借方余额,所以全部总分类账户借方余额的合计数就表示全部资产总额,而只有负债类账户和所有者权益账户存在着贷方余额,因此全部总分类账户的贷方余额合计数就表示企业的负债和所有者权益总计,根据"资产＝负债＋所有者权益"的会计等式,资产等于负债加所有者权益,所以所有账户的借方余额合计与所有账户的贷方余额合计也必然相等。用公式表示为:

全部账户期初借方余额合计＝全部账户期初贷方余额合计

全部账户期末借方余额合计＝全部账户期末贷方余额合计

以上公式称为余额试算平衡公式,由于余额是某一时点的静态会计指标,因此,又称为静态平衡公式。如对前面 11 笔经济业务就可通过编制发生额试算平衡表进行检验,如表 2-6 所示。

表 2-6　总分类账户发生额试算平衡表

2010 年 9 月 30 日　　　　　　　　　　单位:元

账户名称	本期发生额	
	借方	贷方
库存现金	(5)10 000	(10)500
银行存款	(1)200 000	(3)30 000 (5)10 000
应收账款	(11)20 000	
原材料	(2)45 000	
固定资产		(4)40 000
短期借款	(3)30 000	(6)45 000
应付账款	(6)45 000	(2)45 000 (9)30 000
应付利润	(8)20 000	
实收资本	(4)40 000 (9)30 000	(1)200 000 (7)30 000 (8)20 000
资本公积	(7)30 000	
管理费用	(10)500	
主营业务收入		(11)20 000
合　计	470 500	470 500

现仍以前面所举事例为准,编制余额试算平衡表,如表 2-7 所示。

表 2-7　总分类账户余额试算平衡表

2010 年 9 月 30 日　　　　单位:元

账户名称	借方余额	贷方余额
库存现金	10 500	
银行存款	210 000	
应收账款	60 000	
原材料	145 000	
固定资产	450 000	
短期借款		55 000
应付账款		81 000
应付利润		10 000
实收资本		700 000
资本公积		10 000
管理费用	500	
主营业务收入		20 000
合　计	876 000	876 000

在实际工作中也可将发生额及余额试算平衡表合并编表,如表 2-8 所示。

表 2-8　总分类账户发生额及余额试算平衡表

2010 年 9 月 30 日　　　　单位:元

账户名称	期初余额		本期发生额		期末余额	
	借方	贷方	借方	贷方	借方	贷方
库存现金	1 000		10 000	500	10 500	
银行存款	50 000		200 000	40 000	210 000	
应收账款	40 000		20 000		60 000	
原材料	100 000		45 000		145 000	
固定资产	490 000			40 000	450 000	
短期借款		40 000	30 000	45 000		55 000
应付账款		51 000	45 000	75 000		81 000
应付利润		30 000	20 000			10 000
实收资本		520 000	70 000	250 000		700 000
资本公积		40 000	30 000			10 000
管理费用			500		500	
主营业务收入				20 000		20 000
合　计	681 000	681 000	470 500	470 500	876 000	876 000

以上列示了常用的三种试算平衡表,应该看到,试算平衡表只是通过借贷

金额是否平衡来检查账户记录是否正确,而有些错误对于借贷双方的平衡并不发生影响。因此,在编制试算平衡表时对以下问题应引起注意:

(1)需保证所有账户的余额均已记入试算表。因为会计等式是对六项会计要素整体而言的,缺少任何一个账户的余额,都会造成期初或期末借方余额与贷方余额合计不相等。

(2)如果借贷试算不平衡,肯定账户记录有错误,应认真查找,直到实现平衡为止。

(3)如果借贷试算平衡,则并不能说明账户记录绝对正确,因为有些错误对于借贷双方的平衡并不发生影响,例如:

①某项经济业务将使本期借贷双方的发生额等额减少,借贷仍然平衡;

②重复记录某项经济业务将使本期借贷双方的发生额发生等额虚增,借贷仍然平衡;

③某项经济业务记错有关账户,借贷仍然平衡;

④某项经济业务颠倒了记账方向,借贷仍然平衡;

⑤借方或贷方发生额中,一多一少并相互抵消,借贷仍然平衡。

课后练习

一、单项选择题

1.(　　)既反映了会计对象要素间的基本数量关系,同时也是复式记账法的理论依据。

  A.会计科目　　　　　　　　B.会计恒等式

  C.记账符号　　　　　　　　D.账户

2.会计科目是(　　)。

  A.会计要素的名称　　　　　B.报表的项目

  C.账簿的名称　　　　　　　D.账户的名称

3.账户的余额一般与(　　)方向一致。

  A.增加额　　　　　　　　　B.金额

  C.减少额　　　　　　　　　D.发生额

4.反映企业所有者权益的账户有(　　)。

  A.利润分配　　　　　　　　B.短期借款

  C.累计折旧　　　　　　　　D.主营业务收入

5.总分类科目和明细分类科目之间有密切关系,从性质上说属于(　　)

关系。

　　　A. 金额相等　　　　　　　　B. 名称一致

　　　C. 统制和从属　　　　　　　D. 相辅相成

6. 账户是根据(　　　)开设的。

　　　A. 会计科目　　　　　　　　B. 企业需要

　　　C. 管理者需要　　　　　　　D. 上级规定

7. 下列经济业务中,会引起一项负债减少、另一项负债增加的经济业务是(　　　)。

　　　A. 用银行存款购买材料　　　B. 以银行存款偿还银行贷款

　　　C. 以银行借款偿还应付账款　D. 将银行借款存入银行

8. "短期借款"科目属于(　　　)。

　　　A. 资产类科目　　　　　　　B. 负债类科目

　　　C. 所有者权益类科目　　　　D. 成本类科目

9. 从金额上看,总分类账户与明细分类账户之间的关系是(　　　)。

　　　A. 总分类账户的期初余额＝所属各明细分类账户的期初余额之和

　　　B. 总分类账户的本期发生额＝全部明细分类账户的本期发生额之和

　　　C. 全部总分类账户的期末余额＝明细分类账户的期末余额之和

　　　D. 全部总分类账户的期末余额之和＝全部明细分类账户的期末余额之和

10. 下列项目中,引起资产和负债同时增加的经济业务是(　　　)。

　　　A. 以银行存款购买材料　　　B. 向银行借款存入银行存款户

　　　C. 以无形资产向外单位投资　D. 以银行存款偿还应付账款

11. "财务费用"科目属于(　　　)。

　　　A. 资产类科目　　　　　　　B. 负责类科目

　　　C. 损益类科目　　　　　　　D. 成本类科目

12. 在复式记账法下,对每项经济业务都可以相等的金额,在(　　　)中进行登记。

　　　A. 不同的账户　　　　　　　B. 两个账户

　　　C. 两个或两个以上账户　　　D. 一个或一个以上账户

13. 在借贷记账法下,资产类账户的结构特点是(　　　)。

　　　A. 借方记增加,贷方记减少,余额在借方

　　　B. 贷方记增加,借方记减少,余额在贷方

　　　C. 借方记增加,贷方记减少,一般无余额

　　　D. 贷方记增加,借方记减少,一般无余额

14. 借贷记账法下的"借"表示(　　　)。

　　A. 费用增加　　　　　　　　B. 负债增加

　　C. 所有者权益增加　　　　　D. 收入增加

15. 下列会计分录中,属于简单分录的有(　　)的会计分录。

　　A. 一贷一借　　　　　　　　B. 一借多贷

　　C. 一贷多借　　　　　　　　D. 多借多贷

16. 用来记录收入类的账户,期末一般(　　)。

　　A. 无余额　　　　　　　　　B. 余额在借方

　　C. 余额在贷方　　　　　　　D. 余额不固定

17. 账户贷方登记增加额的有(　　)。

　　A. 资产　　　　　　　　　　B. 负债

　　C. 成本　　　　　　　　　　D. 费用

18. 所有者权益的期末余额根据(　　)计算。

　　A. 期初借方余额＋本期借方发生额－本期贷方发生额

　　B. 期初贷方余额＋本期贷方发生额－本期借方发生额

　　C. 期初借方余额＋本期贷方发生额－本期借方发生额

　　D. 期初贷方余额＋本期借方发生额－本期贷方发生额

二、多项选择题

1. 账户一般应包括(　　)要素。

　　A. 账户名称　　　　　B. 日期　　　　　　　C. 摘要

　　D. 凭证号数　　　　　E. 增加或减少金额

2. 下列经济业务中,(　　)会引起会计等式两边同时发生增减变动。

　　A. 用银行存款偿还前欠应付货款　　B. 购进材料未付款

　　C. 从银行提取现金　　　　　　　　D. 向银行借款存入银行

　　E. 收到外单位前欠的货款存入银行

3. 下列经济业务中,引起资产一增一减的有(　　)。

　　A. 以银行存款购买设备　　　　　　B. 从银行提取现金

　　C. 以银行存款购买材料　　　　　　D. 以银行存款偿还前欠货款

　　E. 按法定程序,将盈余公积转增资本金

4. 下列各项目中,正确的经济业务类型有(　　)。

　　A. 一项资产增加,一项所有者权益减少

　　B. 资产与负债同时增加

　　C. 一项负债减少,一项所有者权益增加

　　D. 负债与所有者权益同时增加

E. 一项资产增加,另一项资产减少

5. 经济业务的发生引起资产和权益的增减变动不外乎以下几种类型( )。

A. 资产项目之间以相等金额一增一减

B. 权益项目之间以相等金额一增一减

C. 资产项目与权益项目以相等金额一增一减

D. 资产项目与权益项目以相等金额同时增加和减少

E. 资产项目与权益项目一增一减

6. 下列科目中,属于成本类的有( )。

A. 生产成本   B. 制造费用   C. 主营业务成本

D. 其他业务成本   E. 管理费用

7. 下列科目中,属于负债类的有( )。

A. 累计折旧   B. 应付账款   C. 应付职工薪酬

D. 应付债券   E. 应交税金

8. 在借贷记账法下,属于资产类账户的有( )。

A. 银行存款   B. 实收资本

C. 应收利息   D. 累计折旧

9. 在借贷记账法下,账户借方记录的内容有( )。

A. 资产的增加   B. 资产的减少

C. 负债及所有者权益的增加   D. 负债及所有者权益的减少

E. 收入的减少及费用的增加

10. 在下列项目中,属于损益类账户的是( )。

A. 主营业务收入   B. 所得税费用

C. 应交税费   D. 本年利润

11. 在借贷记账法下,账户贷方记录的内容有( )。

A. 资产的增加   B. 资产的减少

C. 负债及所有者权益的增加   D. 负债及所有者权益的减少

E. 收入的减少及费用的增加

12. 会计分录的基本内容有( )。

A. 应记账户的名称   B. 应记账户的方向   C. 应记账户的金额

D. 应记账户的人员   E. 应记账户的时间

13. 下列账户中,期末结转后无余额的账户有( )。

A. 实收资本   B. 主营业务成本

C. 库存商品   D. 营业费用

14. 关于借贷记账法,下列说法正确的是(　　)。

A. 经济业务所引起的资产增加和权益减少应记入账户的借方

B. 以"借"和"贷"为记账符号

C. 记账规则是:有借必有贷,借贷必相等

D. 可以通过计算平衡发现所有记账错误

E. 是一种单式记账法

15. 试算平衡表中,试算平衡的公式有(　　)。

A. 全部账户期初借方余额合计＝全部账户期初贷方余额合计

B. 借方期末余额＝借方期初余额＋本期借方发生额－本期贷方发生额

C. 全部账户借方发生额合计＝全部账户贷方发生额合计

D. 全部账户期末借方余额合计＝全部账户期末贷方余额合计

16. 复合会计分录有(　　)。

A. 一借多贷　　　　　　　　B. 一借一贷

C. 一贷多借　　　　　　　　D. 多借多贷

17. 下列错误中不能通过试算平衡发现的是(　　)。

A. 在记账时误将借方数额记入贷方

B. 某项业务未入账

C. 应借应贷账户中借贷方向同时记反

D. 某一账户借方或贷方本期发生额的计算有错误

E. 某项业务重复记账

三、判断题

1. 为了满足管理的需要,企业会计账户的设置越细越好。　　　　(　　)

2. 只要实现了期初余额、本期发生额和期末余额的平衡关系,就说明账户记录正确。　　　　(　　)

3. 企业获取资产的来源渠道有两条:一是由企业所有者提供,二是由债权人提供。　　　　(　　)

4. 预收账款和预付账款均属于负债。　　　　(　　)

5. 从数量上看,所有者权益等于企业全部资产减去全部负债后的余额。

(　　)

6. 一项经济业务的发生引起负债增加和所有者权益减少,会计基本等式的平衡关系没有被破坏。　　　　(　　)

7. 企业从银行借入短期借款引起资产和负债同时发生变化,会计基本等

式也因此不再平衡。　　　　　　　　　　　　　　　（　　）

　　8.通过试算平衡,结果发现借贷是平衡的,可以肯定记账没有错误。（　　）

　　9.所有经济业务的发生,都会引起会计恒等式两边发生变化。（　　）

　　10.账户的简单格式分为左右两边,其中,左边表示增加,右边表示减少。
　　　　　　　　　　　　　　　　　　　　　　　　　（　　）

　　11.借贷记账法中的"借"、"贷"分别表示债权和债务。　（　　）

　　12.在借贷记账法下,账户的借方登记增加数,贷方登记减少数。（　　）

　　13.负债类账户的借方用来记录增加额,其贷方用来记录减少额。（　　）

　　14.任何一笔复合会计分录都可以分解成若干笔简单会计分录。（　　）

四、业务练习题

练习一

目的:熟悉与掌握有关的会计科目。

资料:

1.收到投资者投入资本金 100 000 元,存入银行。

2.以银行存款 9 600 元预付某单位货款。

3.收回某企业的部分欠款 6 000 元。

4.偿还前欠某单位的材料款 8 000 元。

5.从银行提取现金 3 000 元。

6.以银行存款 40 000 元购入机器设备一台。

7.销售产品一件,货款 1 000 元,收到现金。

8.以银行存款支付管理部门水电费 3 000 元。

9.职工出差暂借差旅费 1 200 元,以现金支付。

10 将已加工完成的产成品入库,其实际成本为 5 000 元。

要求:分析上述经济业务变化涉及哪些会计科目?

练习二

目的:练习账户的结构及账户金额的计算方法

资料:

假设某企业 2010 年 12 月 31 日部分账户的资料如表 2-9 所示。

表 2-9　某企业部分账户的资料

账户名称	期初余额		本期发生额		期末余额	
	借　方	贷　方	借　方	贷方	借　方	贷　方
库存现金	1 000		20 000	19 850	（　　）	
银行存款	90 000		（　　）	70 000	80 000	
应付账款		3 000	6 000	5 000		（　　）
短期借款		10 000	30 000	（　　）		20 000
实收资本		（　　）	100 000	300 000		500 000

要求:根据账户期初余额、本期发生额和期末余额的计算方法,将数额填在上表的括号内。

练习三

目的:理解与掌握借贷记账法。

资料:

1.某公司 2010 年 4 月末各账户余额如表 2-10 所示。

表 2-10　某公司 2010 年 4 月末账户余额

单位:元

资　产	金　额	负债及所有者权益	金　额
库存现金	2 000	短期借款	50 000
银行存款	20 000	应付账款	22 000
应收账款	70 000	实收资本	230 000
原材料	10 000		
固定资产	200 000		
合　计	302 000	合　计	302 000

2.某公司 2010 年 5 月份发生下列经济业务:

(1)从银行提取现金 8 000 元。

(2)向某企业购入原材料一批,货款 30 000 元尚未支付,材料已验收入库。

(3)收到投资者投资 250 000 元,存入银行。

(4)购入机器一台,价款 100 000 元,开出转账支票付讫。

(5)借入短期借款 50 000 元,存入银行。

(6)收到应收账款 60 000 元,存入银行。

要求:

1.根据表 2-12 资料开设"T"形账户,并登记期初余额。

2. 根据 2010 年 5 月份该公司发生的经济业务事项编制会计分录。

3. 根据会计分录逐一登记有关"T"形账户,计算各账户本期发生额及期末余额。

4. 编制总分类账户发生额及余额试算平衡表。

第三章 借贷记账法的应用

企业是市场经济中最基本的组织形式,是社会财富的创造主体,就企业的经营过程和会计核算而言,制造企业的资金运动最具代表性,因此本章将以制造企业的基本经济业务为例,阐述账户和借贷记账法的应用。

制造企业是以产品生产经营活动为基本的经济活动,其主要任务是生产产品,满足社会各方面的需要,通过开展生产经营活动取得利润,为社会创造更多的财富。制造企业的生产经营活动主要是以产品生产为主要经营活动的资金筹集和产品采购、产品生产、产品销售和财务成果分配过程的统一。

因此,可根据制造企业在生产经营活动过程中各环节的业务特点,将其主要经济业务分为资金筹集业务、采购业务、生产业务、销售业务、利润形成及分配业务等。

下面以南方有限责任公司 2010 年 12 月发生的相关经济业务为例,说明制造企业主要经济业务的核算。

第一节 资金筹集业务的核算

资产是企业进行生产经营活动的物质基础,在商品经济条件下,这些物质条件一般都是有偿取得的。因此,筹集资金以取得生产经营所需的物质资料,就成为企业从事生产经营活动的首要条件。企业筹集资金的渠道包括两个方面:一是投资者投入的资金,即权益性筹资;二是企业通过各种方式借入的资金,即负债性筹资。

一、投入资金的核算

我国有关法律规定,投资者设立企业首先必须投入资本。投入资本是指企业的投资者按照企业章程或者合同、协议的约定,实际投入企业的资本。从企业的角度来看,也就是企业实际收到的资本,一般情况下无须偿还,可供企业长期周转使用。企业的资本按投资主体的不同分为国家资本、法人资本、个人资本等。

（一）投入资金的账户设置

"实收资本"账户属于所有者权益类账户,用来核算企业实收资本的增减变动情况及其结果（股份公司为"股本"）。贷方登记企业实际收到的投资者投入的资本数,借方登记企业按法定程序报经批准减少的注册资本数,期末余额在贷方,表示企业实有的资本（或股本）数额。该账户按投资者设置明细账进行明细分类核算。

企业对投入资本应按实际投资数额入账,以货币资金投资的,应按实际收到的款项作为投资者的投资额入账;以实物形式或无形资产方式进行投资的,应按投资合同或协议约定价值作为实际投资额入账。

（二）投入资金的会计核算

投资者投入资金业务的核算,主要是反映实收资本的增减变化情况。企业接受投资者投入的资金,借记"银行存款"、"固定资产"、"无形资产"等账户;按其在注册资本或股本中所占的份额,贷记"实收资本"账户。

【例3-1】 12月1日,南方有限责任公司接受黄河实业有限公司投入的资本金70 000元,存入银行。

该笔交易或者事项发生后,引起资产要素和所有者权益要素发生变化。一方面,使企业资产要素中的银行存款项目增加,应借记"银行存款"账户;另一方面,使企业所有者权益要素中的投资者投入的资本项目增加,应贷记"实收资本"账户。因此,应编制会计分录如下:

借:银行存款　　　　　　　　　　　　　70 000
　　贷:实收资本——黄河实业　　　　　　　　70 000

【例3-2】 12月7日,南方有限责任公司收到大丰机械有限公司投入的新机器设备一台,投资协议作价250 000元。

该笔交易或者事项发生后,引起资产要素和所有者权益要素发生变化。一方面,使企业资产要素中的固定资产项目增加,应借记"固定资产"账户;另一方面,使企业所有者权益要素中的投资者投入的资本项目也增加,应贷记"实收资本"账户。而投资者投入的固定资产的成本,应当按照投资合同或协议约定的价值确定。因此,应编制会计分录如下:

借:固定资产　　　　　　　　　　　　　250 000
　　贷:实收资本——大丰机械　　　　　　　　250 000

【例3-3】 12月10日,南方有限责任公司收到光明控股有限公司投入专利权一项,投资协议作价100 000元。

该笔交易或者事项发生后,引起资产要素和所有者权益要素发生变化。

一方面,使企业资产要素中的无形资产项目增加,应借记"无形资产"账户;另一方面,使企业所有者权益要素中的投资者投入的资本项目也增加,应贷记"实收资本"账户。而投资者投入的无形资产的成本,应当按照投资合同或协议约定的价值确定。因此,应编制会计分录如下:

借:无形资产　　　　　　　　　　　　　　　　100 000
　　贷:实收资本——光明公司　　　　　　　　　　　　100 000

二、借入款项的核算

企业在生产经营过程中,由于种种原因,经常需要向银行等金融机构借款以弥补经营资金的不足。借款按归还期限长短不同可分为长期借款和短期借款。企业借入的各种借款,必须按规定用途使用,按期支付利息并按期归还。

（一）借入款项的账户设置

1."短期借款"账户

该账户属于负债类账户,核算企业向银行或其他金融机构等借入的期限在 1 年以下(含 1 年)的各种借款。其贷方登记取得短期借款的本金发生额,借方登记归还的借款本金发生额,期末余额在贷方,反映企业尚未偿还的短期借款的本金。该账户应当按照借款种类、贷款人和币种进行明细分类核算。

2."长期借款"账户

该账户属于负债类账户,用来核算企业向银行或其他金融机构借入的期限在 1 年以上(不含 1 年)的各项借款。其贷方登记长期借款本息的增加额,借方登记本息减少额,期末余额在贷方,表示企业尚未归还的长期借款。该账户应按贷款单位和贷款种类设置明细账进行明细分类核算。

（二）借入款项的会计核算

【例 3-4】　12 月 1 日,南方有限责任公司向银行借入一笔短期借款用于生产经营,共计 120 000 元,期限为 6 个月,年利率为 8%。

该笔交易或者事项发生后,引起资产要素和负债要素发生变化。一方面,使企业资产要素中的银行存款项目增加,应借记"银行存款"账户;另一方面,使企业负债要素中的短期借款项目也增加了,应贷记"短期借款"账户。因此,应编制会计分录如下:

借:银行存款　　　　　　　　　　　　　　　120 000
　　贷:短期借款　　　　　　　　　　　　　　　　120 000

【例 3-5】　12 月 1 日,南方有限责任公司因进行基建工程需要,向银行取得为期 3 年的借款 600 000 元,年利率为 8.4%,所借款项已存入银行。

　　该笔交易或者事项发生后,引起资产要素和负债要素发生变化。一方面,使企业资产要素中的银行存款项目增加,应借记"银行存款"账户;另一方面,使企业负债要素中的长期借款项目也增加了,应贷记"长期借款"账户。因此,应编制会计分录如下:

借:银行存款　　　　　　　　　　　　　　　　　　600 000
　　贷:长期借款　　　　　　　　　　　　　　　　　600 000

　　综上所述,企业资金筹集业务主要账务处理程序用"T"形账户表示,如图3-1所示。

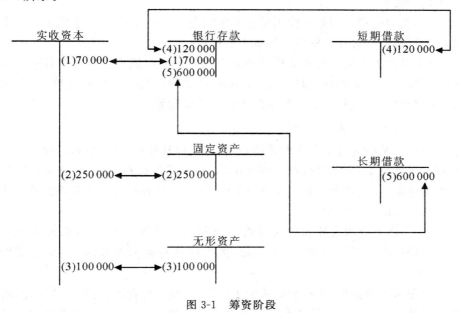

图 3-1　筹资阶段

第二节　供应过程业务的核算

　　制造企业要从事生产经营或活动,必须建造厂房、购置机器设备和进行材料采购,形成必要的生产准备。在我国,建造厂房、购置机器设备主要通过基本建设完成,供应过程主要是指进行采购和存储生产经营所需的各种材料物资,为生产经营活动的正常进行做好准备,零星的设备也是供应工作的一部分内容。

　　供应过程的主要业务包括:购置固定资产,计算确定资产的入账价值,固定资产投入使用;采购材料,计算确定材料的采购成本,材料验收入库。

一、材料采购业务的核算

(一)材料采购成本的构成

材料采购成本是指材料从采购到入库前所发生的全部支出,包括购买价款、相关税费、运输费、装卸费、保险费及其他可归属于材料采购成本的费用。

(1)材料的买价。即供货发票上记载的销售价格,但不包括按规定可以抵扣的增值税额。

(2)相关税费。即企业购买材料发生的进口关税、消费税和不能抵扣的增值税进项税额等应计入材料采购成本的税费。

(3)其他可归属于材料采购成本的费用。即采购成本中除上述各项以外的可归属于材料采购成本的费用,如在材料采购过程中发生的仓储费、包装费、运输途中的合理损耗、入库前的挑选整理费用等。

(二)材料采购费用的分配

材料在采购过程中发生的采购费用,凡是由某种材料负担的,直接计入该材料的采购成本;由几种材料共同负担的,则需按照材料的数量、重量、体积、买价等标准,在这几种材料之间进行分配,把分配的各种材料应负担的采购费用计入材料的采购成本。

例如:南方有限责任公司从万通公司购入甲材料200千克,总价10 000元,乙材料100千克,总价50 000元,将两种材料运回企业时,发生运杂费1 800元。

此笔采购业务中,甲材料的买价10 000元和乙材料的买价50 000元,均可直接计入甲材料的采购成本和乙材料的采购成本,而运杂费是为两种材料而发生的,需采用合理的标准进行分配,此处选择按采购材料的重量进行分配如下:

$$每千克材料应负担的运杂费 = \frac{1\ 800}{200+100} = 6(元/千克)$$

甲材料负担的运杂费 = 200 × 6 = 1 200(元)

乙材料负担的运杂费 = 100 × 6 = 600(元)

甲材料采购成本 = 10 000 + 1 200 = 11 200(元)

乙材料采购成本 = 50 000 + 600 = 50 600(元)

二、供应过程核算应设置的账户

(一)账户设置

1."固定资产"账户

"固定资产"账户属于资产类账户,用以核算企业持有的固定资产的原值。企业购建的固定资产以购建成本为原值记入该账户的借方;处置固定资产时,按其账面原值记入该账户的贷方。该账户的期末余额在借方,反映企业持有的固定资产的原值。

2."在途物资"账户

"在途物资"账户属于资产类账户,用于核算企业采用实际成本进行材料、商品等物资的日常核算,货款已付尚未验收入库的各种物资(即在途物资)的采购成本。本科目的借方登记企业购入的在途物资的实际成本,贷方登记验收入库的在途物资的实际成本,期末余额在借方,反映企业在途物资的采购成本。该账户应按供应单位或物资品种进行明细分类核算。

3."原材料"账户

"原材料"账户属于资产类账户,用于核算库存各种材料的收发与结存情况。本科目的借方登记入库材料的实际成本,贷方登记发出材料的实际成本,期末余额在借方,反映企业库存材料的实际成本。该账户应当按照材料的保管地点(仓库)、材料的类别、品种或规格等进行明细分类核算。

4."应付账款"账户

"应付账款"账户属于负债类账户,用于核算企业因购买材料、商品和接受劳务等经营活动应支付的款项。本科目的贷方登记企业因购入材料、商品和接受劳务等尚未支付的款项,借方登记偿还的应付账款,期末余额一般在贷方,反映企业尚未支付的应付账款。该账户应当按照不同的债权人进行明细分类核算。

5."预付账款"账户

"预付账款"账户属于资产类账户,该账户用来核算和监督企业按购货合同预付给供应单位的货款及结算情况。该账户借方登记预付或补付货款的金额,贷方登记所购货物金额及退回多付货款的金额。期末余额在借方,表示已预付但尚未收到货物的货款金额。该账户应当根据供应单位进行明细分类核算。

6.“应付票据”账户

“应付票据”账户属于负债类账户,用于核算应付票据的发生、偿付等情况。该科目贷方登记开出、承兑汇票的面值及带息票据的预提利息,借方登记支付票据的金额,期末余额在贷方,表示企业尚未到期的商业汇票的票面金额。该账户应当按照不同的债权人进行明细分类核算。

7.“应交税费——应交增值税”账户

“应交税费——应交增值税”是负债类“应交税费”科目的一个明细科目,用以核算增值税的交纳情况。

《中华人民共和国增值税暂行条例》规定:凡在我国境内销售、进口货物,或提供加工、修理修配劳务的单位和个人为增值税的纳税义务人,应依法交纳增值税。按照纳税人的经营规模及会计核算的健全程度,增值税纳税人分为一般纳税人和小规模纳税人。一般纳税人应纳增值税额,根据当期销项税额抵扣当期进项税额后差额确定,一般纳税人按17%或13%的税率计算增值税;小规模纳税人应纳增值税额,根据销售额和规定的征收率计算确定。本书以下均以一般纳税人为例,说明应交增值税的核算方法。

根据税法的规定,一般纳税人应纳增值税额的计算公式为:

$$应纳税额＝销项税额－进项税额$$

$$销项税额＝销售额×增值税税率$$

$$进项税额＝购进货物或劳务价款×增值税税率$$

为了核算企业应交增值税的发生、抵扣、交纳等情况,应在“应交税费——应交增值税”明细账内设置“进项税额”、“已交税金”、“销项税额”等专栏。企业采购物资等,按可抵扣的增值税额,记入该账户的借方(进项税额);销售货物或提供应税劳务时,按应收取的增值税额,记入该账户的贷方(销项税额);企业交纳的增值税,按实际上交税额记入该账户的借方(已交税金)。该账户的期末余额若在贷方,反映企业应交纳的增值税;期末余额若在借方,反映企业尚未抵扣的进项税额。

三、供应过程主要经济业务的会计核算

【例3-6】　12月12日,南方有限责任公司购入一台不需要安装即可投入使用的生产设备,取得的增值税专用发票上注明的设备价款为10 000元,增值税额为1 700元,另支付装卸费200元,包装费300元,款项以银行存款支付。以下计算增值税时税率均为17%。

该笔交易或者事项发生后,引起资产要素发生变化。一方面,使企业资产

要素中的固定资产项目增加了,应借记"固定资产"账户。而购入固定资产的进项税额要按照全国实施增值税转型改革的有关规定进行账务处理,即自2009年1月1日起,增值税一般纳税人购进(包括接受捐赠、实物投资)或自制(包括改扩建、安装)固定资产发生的进项税额,凭增值税专用发票、海关进口增值税专用缴款书和运输费用结算单据从销项税额中抵扣(房屋建筑物等不动产,不允许纳入增值税抵扣范围,小汽车、摩托车和游艇也不纳入增值税改革范围,即企业购入以上固定资产,不允许抵扣其所含的增值税),应借记"应交税费——应交增值税(进项税额)"账户,而买价、装卸费和包装费则一同计入固定资产的成本;另一方面,使企业资产要素中的银行存款项目减少了,应贷记"银行存款"账户。因此,应编制会计分录如下:

借:固定资产　　　　　　　　　　　　　　　10 500
　　应交税费——应交增值税(进项税额)　　 1 700
　　贷:银行存款　　　　　　　　　　　　　　　　 12 200

【例3-7】 12月16日,南方有限责任公司向华北公司购入A材料500吨,单价1 000元/吨,增值税专用发票上记载的货款为500 000元,增值税额为85 000元,全部款项用银行存款支付,材料已经验收入库。

此项采购业务一方面发生了采购价款,应记入材料的采购成本,借记"原材料"科目;同时,增值税专用发票上注明的因采购材料而支付的增值税进项税额,可以在销项税额中进行抵扣,借记"应交税费——应交增值税(进项税额)"科目;另一方面,企业以银行存款支付了账款,使得银行存款这项资产减少,应贷记"银行存款"科目。因此,应编制会计分录如下:

借:原材料——A材料　　　　　　　　　　　500 000
　　应交税费——应交增值税(进项税额)　　 85 000
　　贷:银行存款　　　　　　　　　　　　　　　　 585 000

【例3-8】 12月17日,南方有限责任公司向华北公司购入B材料10吨,单价1 500元/吨,发票及账单已收到,增值税专用发票上记载的货款为15 000元,增值税额为2 550元,材料尚未到达。

该笔交易或者事项发生后,一方面,企业材料尚未到达,使企业资产要素中的在途物资项目增加了,应借记"在途物资"账户,对于增值税专用发票上注明的可抵扣的进项税额,应借记"应交税费——应交增值税(进项税额)"账户;另一方面,企业支付了全部款项,使企业资产要素中的银行存款项目减少了,应贷记"银行存款"账户。因此,应编制会计分录如下:

借:在途物资——B 材料 15 000

应交税费——应交增值税（进项税额） 2 550

贷:银行存款 17 550

【例 3-9】 12 月 20 日,南方有限责任公司购入的 B 材料已收到,并验收入库。

该笔交易或者事项发生后,一方面,企业材料已收到,并验收入库,使企业资产要素中的原材料项目增加了,应借记"原材料"账户;另一方面,使企业资产要素中的在途物资项目减少了,应贷记"在途物资"账户。因此,应编制会计分录如下:

借:原材料——B 材料 15 000

贷:在途物资——B 材料 15 000

【例 3-10】 12 月 21 日南方有限责任公司向华北公司购入的 A、B 材料运至企业验收入库共发生支付运杂费 5 100 元,用银行存款支付。

此项经济业务一方面发生了记入材料采购成本的运杂费,应借记"原材料"科目;另一方面使得企业银行存款减少,应贷记"银行存款"科目。

由于原材料需按材料的品种进行明细核算,因此对于由 A、B 材料共同负担的采购费用需采用一定的标准进行分配,分配后分别记入 A、B 材料的采购成本。若选择材料重量为分配标准,则:

$$\frac{每千克材料应}{负担的运杂费}=\frac{5\ 100}{500+10}=10(元/千克)$$

A 材料负担的运杂费 $=500\times10=5\ 000$(元)

B 材料负担的运杂费 $=10\times10=100$(元)

因此,编制会计分录如下:

借:原材料——A 材料 5 000

——B 材料 100

贷:银行存款 5 100

【例 3-11】 12 月 21 日,南方有限责任公司从北方公司购入 B 材料 200 吨,单价 1 500 元/吨,增值税专用发票上记载的货款为 300 000 元,增值税额为 51 000 元,款项尚未支付,材料已验收入库。

该笔交易或者事项发生后,一方面,企业材料已验收入库,使企业资产要素中的原材料项目增加了,应借记"原材料"账户,对于增值税专用发票上注明的可抵扣的进项税额,应借记"应交税费——应交增值税(进项税额)"账户;另一方面,款项尚未支付,使企业负债要素中的应付账款项目增加了,应贷记"应付账款"账户。因此,应编制会计分录如下:

借:原材料——B材料　　　　　　　　　　　　　　300 000
　　应交税费——应交增值税(进项税额)　　　　 51 000
　　贷:应付账款——北方公司　　　　　　　　　　　　 351 000

【例3-12】　12月24日,南方有限责任公司支付上述B材料采购款项351 000元。

该笔交易或者事项发生后,一方面,使企业负债要素中的应付账款项目减少了,应借记"应付账款"账户;另一方面,使企业资产要素中的银行存款项目减少了,应贷记"银行存款"账户。因此,应编制会计分录如下:

借:应付账款——北方公司　　　　　　　　　　　351 000
　　贷:银行存款　　　　　　　　　　　　　　　　　　 351 000

【例3-13】　12月26日,南方有限责任公司开出一张面值为35 100元、期限为6个月的不带息商业汇票,用以采购一批B材料20吨,单价1 500元/吨,增值税专用发票上注明的材料价款为30 000元,增值税额为5 100元,材料已验收入库。

该笔交易或者事项发生后,一方面,企业材料验收入库,使企业资产要素中的原材料项目增加了,应借记"原材料"账户,对于增值税专用发票上注明的可抵扣的进项税额,应借记"应交税费——应交增值税(进项税额)"账户;另一方面,企业采用商业汇票方式支付,使企业负债要素中的应付票据项目增加了,应贷记"应付票据"账户。因此,应编制会计分录如下:

借:原材料——B材料　　　　　　　　　　　　　 30 000
　　应交税费——应交增值税(进项税额)　　　　　5 100
　　贷:应付票据　　　　　　　　　　　　　　　　　 35 100

【例3-14】　12月27日,南方有限责任公司根据与武汉智达有限公司的购销合同规定,为购买B材料以银行存款向该公司预付50 000元。

该笔交易或者事项发生后,一方面,企业为购买材料先支付款项,使企业资产要素中的预付账款项目增加了,应借记"预付账款"账户;另一方面,企业已通过电汇方式支付了款项,使企业资产要素中的银行存款项目减少了,应贷记"银行存款"账户。因此,应编制会计分录如下:

借:预付账款——武汉智达　　　　　　　　　　　50 000
　　贷:银行存款　　　　　　　　　　　　　　　　　　 50 000

【例3-15】　12月30日,南方有限责任公司收到武汉智达有限公司发运来的B材料100吨,单价1 500元/吨,已验收入库。有关发票账单记载,该批货物的货款150 000元,增值税额为25 500元,冲抵预付款50 000元后,其余款项以银行存款付讫。

　　该笔交易或者事项发生后,一方面,企业材料验收入库,使企业资产要素中的原材料项目增加,应借记"原材料"账户,对于增值税专用发票上注明的可抵扣的进项税额,应借记"应交税费——应交增值税(进项税额)"账户;另一方面,使企业资产要素中的预付账款项目减少了,应贷记"预付账款"账户。因此,应编制会计分录如下:

借:原材料——B材料　　　　　　　　　　　　　　150 000

　应交税费——应交增值税(进项税额)　　　　　　25 500

　贷:预付账款——武汉智达　　　　　　　　　　　　　175 500

　　还需要说明的是,南方有限责任公司前期支付了 50 000 元预付款,本次购进冲抵预付账款 175 500 元,说明南方有限责任公司前期预付账款少付 125 500 元,以银行存款补付。

　　该笔交易或者事项发生后,一方面,使企业资产要素中的预付账款项目增加了,应借记"预付账款"账户;另一方面,使企业资产要素中的银行存款项目减少了,应贷记"银行存款"账户。因此,应编制会计分录如下:

借:预付账款——武汉智达　　　　　　　　　　　　125 500

　贷:银行存款　　　　　　　　　　　　　　　　　　　125 500

　　综上所述,企业供应过程材料采购账务处理程序用"T"形,账户表示如图 3-2 所示。

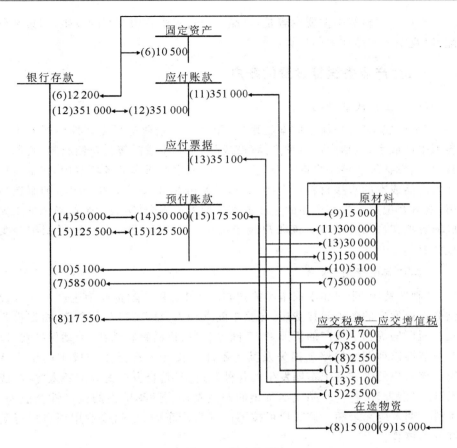

图 3-2 供应阶段

第三节 生产业务的核算

产品生产过程是制造企业经营活动的中心环节,是从投入原材料等要素开始,经过工人的劳动加工,到产品完工验收入库的全过程。企业在产品的生产过程中,一方面,劳动者借助劳动资料对劳动对象进行加工制造产品,另一方面,为了制造产品,企业必然要发生诸如固定资产的磨损、材料的消耗及活劳动的耗费(包括生产工人和管理人员)等。企业在一定时期内发生的、能够用货币额表现的生产耗费,称为费用。费用按一定种类和数量的产品进行归集,就形成了产品的成本。

生产过程核算的主要内容是：产品生产过程中各项费用的发生、归集和分配，以及完工产品成本的计算。

一、生产业务核算设置的账户

（一）"生产成本"账户

"生产成本"账户属于成本类账户，用于核算企业进行工业性生产发生的各项生产成本，包括生产各种产品（产成品、自制半成品等）、自制材料、自制工具、自制设备等。该账户借方登记应计入产品生产成本的各项费用，包括直接计入产品成本的直接材料和直接工资，以及分配计入产品生产成本的制造费用；贷方登记完工入库产品的生产成本。期末借方余额，表示企业尚未加工完成的各项在产品的成本。该账户应当按照产品的种类和类别进行明细分类核算。

（二）"制造费用"账户

"制造费用"账户属于成本类账户，用于归集和分配企业为生产产品和提供劳务而发生的各项间接费用，包括车间管理人员的工资及福利费，机器设备及车间厂房等固定资产的折旧费，车间办公费，机器物料消耗，劳动保护费，以及季节性修理期间的停工损失及其他不能直接计入产品生产成本的生产费用。该账户的借方登记本期发生的各种制造费用；贷方登记分配转入"生产成本"账户借方、由各种产品成本负担的制造费用。除季节性的生产性企业外，本科目期末应无余额。该账户可按不同的生产车间、部门或费用项目进行明细分类核算。

（三）"库存商品"账户

"库存商品"账户属于资产类账户，用来核算企业库存的各种商品的成本，包括库存产成品、外购商品、存放在门市部准备出售的商品、发出展览的商品及寄存在外的商品等。该账户借方登记已验收入库商品的成本；贷方登记发出商品的成本；期末借方余额，表示库存商品成本。该账户应当按照库存商品的种类、品种和规格进行明细分类核算。

（四）"应付职工薪酬"账户

"应付职工薪酬"账户属于负债类账户，用于核算企业根据有关规定应付给职工的各种薪酬，包括职工工资、奖金、津贴和补贴，职工福利费，医疗、养老、失业、工伤、生育等社会保险费，住房公积金，工会经费，职工教育经费，非货币性福利等因职工提供服务而产生的费用。该账户贷方登记已分配计入有关成本费用项目的职工薪酬的数额；借方登记实际发放职工薪酬的数额。期末余额在贷方,反映企业应付未付的职工薪酬。该科目应当按照"工资"、"职工福利"、"社会保险费"、"住房公积金"、"工会经费"、"职工教育经费"、"非货币性福利"等应付职工薪酬项目进行明细分类核算。

(五)"累计折旧"账户

固定资产在使用过程中是逐渐磨损和耗费的,其价值逐渐转移减少。固定资产的折旧应该作为折旧费计入产品成本和期间费用,并在产品销售收入中得到补偿。在管理上要求固定资产账户始终保持固定资产原始价值不变,为此需要设置"累计折旧"账户来反映提取的固定资产折旧。

"累计折旧"账户属于资产类账户,是固定资产账户的抵减账户。其结构与固定资产账户相反,贷方登记按期计提的固定资产折旧额(累计折旧的增加额);借方登记出售、报废和毁损固定资产的已提折旧(累计折旧的减少额)。期末余额在贷方,反映企业已提取的固定资产累计数额。该账户应当按照固定资产的类别进行明细核算。

(六)"管理费用"账户

"管理费用"账户属于损益类账户,用来核算企业为组织和管理企业生产经营所发生的管理费用,包括企业在筹建期间内发生的开办费,董事会和行政管理部门在企业的经营管理中发生的或者应由企业统一负担的公司经费(包括行政管理部门职工薪酬、物料消耗、低值易耗品摊销、办公费和差旅费等),工会经费,董事会费(包括董事会成员津贴、会议费和差旅费等),聘请中介机构费,咨询费(含顾问费),诉讼费,业务招待费,房产税,车船使用税,土地使用税,印花税,技术转让费,矿产资源补偿费,研究费用,排污费等。借方登记发生的各种费用;贷方登记转入"本年利润"账户的数额。本账户一般无期末余额。该账户应当按照费用项目进行明细分类核算。

(七)"销售费用"账户

"销售费用"账户属于损益类账户,用来核算企业销售商品和材料、提供劳务的过程中发生的各种费用,包括保险费、包装费、展览费和广告费、商品维修费、预计产品质量保证损失、运输费、装卸费等,以及为销售本企业商品而专设的销售机构(含销售网点、售后服务网点等)的职工薪酬、业务费、折旧费等经营费用。借方登记企业发生的各种销售费用;期末,应将本账户余额从贷方转入"本年利润"账户,结转后本账户无余额。本账户可按费用项目进行明细核算。

(八)"财务费用"账户

"财务费用"账户属于损益类账户,核算企业为筹集生产经营所需资金等而发生的筹资费用,包括利息支出(减利息收入)、相关的手续费等。借方登记发生的各项财务费用,贷方登记发生的应冲减财务费用的利息收入及月末结转当期损益的财务费用,月末无余额。该账户应当按照费用项目进行明细分类核算。

另外,在对生产成本和期间费用进行归集时,还会涉及其他相关账户,如"其他应收款"账户、"待摊费用"账户等,以下将结合相关经济业务对其进行说明。

二、费用的分类

企业在一定期间发生的各项耗费按其同当期产品生产的关系可划分为生产成本和期间费用。

(一)生产成本

生产成本也称为制造成本,是指企业为生产一定种类和数量的产品所消耗而又必须补偿的物化劳动和活劳动中必要劳动的货币表现。一般包括直接材料、直接人工和制造费用等成本构成项目。

(1)直接材料。即直接用于产品生产,构成产品实体的原材料、主要材料、燃料,以及有助于产品形成的辅助材料等。

(2)直接人工。即直接从事产品生产人员的各种薪酬。

(3)制造费用。即直接或间接用于产品生产,但不便于直接计入产品成本,没有专设成本项目的费用。这些费用是企业内部生产单位为组织和管理生产所发生的,包括车间管理和技术人员的各种薪酬、车间使用固定资产的折旧、车间的办公费、水电费、机物料消耗、劳动保护费等。

(二)期间费用

期间费用是指同企业的经营管理活动有密切关系的耗费,它同产品的生产没有直接关系,但与发生的期间配比,应作为当期收益的扣减。期间费用包括:销售费用、管理费用和财务费用。

(1)销售费用。即企业为销售产品和材料而发生的各种费用。

(2)管理费用。即企业为组织和管理生产经营而发生的各种费用。

(3)财务费用。即企业为筹集生产经营所需资金而发生的筹资费用。

由此可见,费用与成本有着密切的联系,费用的发生过程也就是成本的形成过程,费用是形成产品成本的基础,但是,费用与成本也有一定的区别。费用是在一定期间,为了进行生产经营活动而发生的各项耗费,费用与发生的期间直接相关,即费用强调"期间";而成本则是为生产某一产品或提供某一劳务所消耗的费用,成本与负担者直接相关,即成本强调"对象"。

三、产品生产业务的核算

(一)材料费用的核算

企业在生产经营过程中要发生大量的材料费用。通常,生产部门或其他部门在领用材料时必须填制领料单,仓库部门根据领料单发出材料后,领料单的一联交给会计部门用于记账,然后会计部门对领料单进行汇总计算,按各部门及不同用途领用材料的数额分别计入有关账户。

【例3-16】　12月31日,南方有限责任公司本月领用材料,其中:

(1)12月10日,生产Ⅰ型产品,领用A材料150吨,计150 000元,领用B材料80吨,计120 000元;生产Ⅱ型产品,领用A材料120吨,计120 000元,领用B材料93.33吨,计140 000元;车间管理,领用A材料6.5吨,计6 500元,领用B材料4吨,计6 000元;企业管理部门,领用A材料1吨,计1 000元,领用B材料0.6吨,计900元。

(2)12月22日,生产Ⅰ型产品,领用A材料100吨,计100 000元,领用B材料40吨,计60 000元;生产Ⅱ型产品,领用A材料100吨,计100 000元,领用B材料86.6吨,计130 000元;车间管理,领用A材料6吨,计6 000元,领用B材料2吨,计3 000元;企业管理部门,领用A材料0.5吨,计500元,领用B材料0.4吨,计600元。材料名称及用途汇总结果如表3-1所示。

表3-1　发料凭证汇总表

2010年12月31日　　　　　　　　　　　单位:元

项　目	产品生产耗用			车间一般消耗	管理部门消耗	合　计
	Ⅰ型产品	Ⅱ型产品	小计			
A材料	250 000	220 000	470 000	12 500	1 500	484 000
B材料	180 000	270 000	450 000	9 000	1 500	460 500
合　计	430 000	490 000	920 000	21 500	3 000	944 500

该笔交易或者事项发生后,引起企业费用要素和资产要素发生变化。一方面,使费用要素中的生产成本、制造费用和管理费用项目分别增加了,根据"发料凭证汇总表",按材料用途,应分别借记"生产成本"、"制造费用"和"管理费用"账户;另一方面,引起资产要素中的"原材料"项目减少了,应贷记"原材料"账户。因此,应编制会计分录如下:

借：生产成本——Ⅰ型产品　　　　　　　　　430 000

　　　　　——Ⅱ型产品　　　　　　　　　490 000

　　制造费用　　　　　　　　　　　　　21 500

　　管理费用　　　　　　　　　　　　　　3 000

贷：原材料——A材料　　　　　　　　　　　　484 000

　　　　　——B材料　　　　　　　　　　　　460 500

(二)职工薪酬的核算

1.职工薪酬的范围

职工薪酬是指企业因职工提供的服务而给予各种形式的报酬及其他相关支出。它主要包括以下内容：

(1)职工工资、奖金、津贴和补贴。

(2)职工福利费。即为职工集体提供的福利,如企业内部的医务室、职工浴室、理发室、托儿所等集体福利机构人员的工资、医务经费、职工生活困难补助等支出均可在福利费中列支。

(3)社会保险费。即企业按国家规定的基准和比例计算,向社会保险经办机构缴纳的医疗保险费、养老保险费(包括基本养老费和补充养老保险费)、失业保险费、工伤保险费和生育保险费等社会保险,以及以商业保险形式提供给职工的各种保险待遇。

(4)住房公积金。即企业按国家规定的基准和比例计算,向住房公积金管理机构缴纳的住房公积金。

(5)工会经费和职工教育经费。即企业为了改善职工文化生活,为职工学习先进技术和提高文化水平和业务素质,用于开展工会活动和职工教育及职业技能培训等相关支出。

(6)非货币性福利。即企业提供给职工的实物福利、服务性福利、优惠性福利及有偿休假性福利等。

(7)其他职工薪酬。如因解除与职工的劳动关系而给予的补偿,以及其他与获得职工服务相关的支出。

2.职工薪酬的确认

企业应在职工为其提供服务的会计期间,将应付的职工薪酬确认为负债,应当根据职工提供服务的受益对象,分别计入产品生产成本或当期损益。

(1)为产品生产耗费的直接生产工人的薪酬,直接计入产品生产成本,借记"生产成本"科目。

(2)为产品生产耗费的生产车间管理及技术人员的薪酬,计入制造费用,借记"制造费用"科目。

（3）销售人员的职工薪酬,借记"销售费用"科目。

（4）厂部行政管理人员的职工薪酬,借记"管理费用"科目。

【例 3-17】　12 月 31 日,南方有限责任公司分配结转本月工资费用,根据"工资结算汇总表"（略）编制"工资费用分配汇总表",如表 3-2 所示。

表 3-2　工资费用分配汇总表

2010 年 12 月 31 日　　　　　　　　　　　　　　　　单位:元

车间、部门		应分配金额
车间生产人员	生产Ⅰ型产品	23 000
	生产Ⅱ型产品	22 000
	车间生产人员工资小计	45 000
车间管理人员		6 500
厂部管理人员		11 000
销售部门人员		5 000
合　计		67 500

该笔交易或者事项发生后,引起企业费用要素和负债要素发生变化。一方面,使费用要素中的生产成本、制造费用和管理费用项目分别增加了,按不同的用途,应分别借记"生产成本"、"制造费用"、"管理费用"和"销售费用"账户;另一方面,引起负债要素中的应付职工薪酬项目增加,应贷记"应付职工薪酬"账户。因此,应编制会计分录如下:

借:生产成本——Ⅰ型产品　　　　　　　　　23 000

　　　　　　——Ⅱ型产品　　　　　　　　　22 000

　制造费用　　　　　　　　　　　　　　　　6 500

　管理费用　　　　　　　　　　　　　　　　11 000

　销售费用　　　　　　　　　　　　　　　　5 000

　　贷:应付职工薪酬——工资　　　　　　　　　　67 500

【例 3-18】　12 月 31 日,南方有限责任公司下设一职工浴池,每月根据在岗职工人数、岗位分布情况及相关历史经验数据等计算需要补贴给浴池的金额。12 月,企业在岗职工共计 16 人,企业的历史经验数据表明,对于每个职工,企业每月需补贴浴池 175 元。

该笔交易或者事项发生后,引起企业费用要素和负债要素发生变化。一方面,使费用要素中的管理费用项目增加,应借记"管理费用"账户;另一方面,引起负债要素中的应付职工薪酬项目增加,应贷记"应付职工薪酬"账户。因此,应编制会计分录如下:

借:管理费用　　　　　　　　　　　　　　　　　　　2 800
　　贷:应付职工薪酬——职工福利　　　　　　　　　　　　2 800

【例 3-19】　12 月 9 日,南方有限责任公司从银行提取现金 70 300 元,备发工资和补贴。

该笔交易或者事项发生后,引起企业资产要素发生变化。一方面,使资产要素中的库存现金项目增加了,应借记"库存现金"账户;另一方面,引起资产要素中的银行存款项目增加了,应贷记"银行存款"账户。因此,应编制会计分录如下:

借:库存现金　　　　　　　　　　　　　　　　　　　70 300
　　贷:银行存款　　　　　　　　　　　　　　　　　　　70 300

【例 3-20】　12 月 9 日,南方有限责任公司以现金发放工资 67 500 元。

该笔交易或者事项发生后,引起企业资产要素和负债要素发生变化。一方面,引起负债要素中的应付职工薪酬项目增加了,应借记"应付职工薪酬"账户;另一方面,使资产要素中的库存现金项目减少了,应贷记"库存现金"账户。因此,应编制会计分录如下:

借:应付职工薪酬——工资　　　　　　　　　　　　　67 500
　　贷:库存现金　　　　　　　　　　　　　　　　　　　67 500

【例 3-21】　12 月 9 日,南方有限责任公司以现金支付职工食堂补贴 2 800 元。

该笔交易或者事项发生后,引起企业资产要素和负债要素发生变化。一方面,引起负债要素中的应付职工薪酬项目增加了,应借记"应付职工薪酬"账户;另一方面,使资产要素中的库存现金项目减少了,应贷记"库存现金"账户。因此,应编制会计分录如下:

借:应付职工薪酬——职工福利　　　　　　　　　　　2 800
　　贷:库存现金　　　　　　　　　　　　　　　　　　　2 800

(三)固定资产费用的核算

固定资产的费用包括固定资产计提的折旧费用和固定资产在使用过程中发生的后续支出(包括更新改造支出、修理费用等)。

固定资产在其使用寿命内,虽然能够保持其原有的实物形态,但其价值却在使用中逐渐损耗,这部分损耗的价值称为折旧。

对于固定资产,企业应在其使用寿命内,根据一定的折旧方法,计算固定资产当期的折旧额,一方面贷记"累计折旧"科目;另一方面,根据固定资产的用途,将折旧额分别计入产品成本和期间费用,借记具体科目如下:

(1)生产车间使用的固定资产,计提折旧应借记"制造费用"科目;

（2）行政管理部门使用的固定资产，计提折旧应借记"管理费用"科目；

（3）销售部门使用的固定资产，计提折旧应借记"销售费用"科目；

（4）经营租出固定资产，计提折旧应借记"其他业务成本"科目。

【例 3-22】 12 月 31 日，南方有限责任公司计提本月固定资产折旧。企业财会人员应编制"固定资产折旧计算表"，如表 3-3 所示。

表 3-3 固定资产折旧计算表

2010 年 12 月 31 日   单位：元

使用单位、部门	上月固定资产折旧额	上月增加固定资产应计提折旧额	上月减少固定资产应计提折旧额	本月应计提的固定资产折旧额
生产车间	77 000	22 000	1 000	98 000
厂部管理部门	15 000	13 000	9 000	19 000
销售部门	3 000	—	—	3 000
合 计	95 000	35 000	10 000	120 000

该笔交易或者事项发生后，引起企业费用要素和资产要素发生变化。一方面，使费用要素中的制造费用、管理费用和销售费用项目分别增加了，按不同的用途，应分别借记"制造费用"、"管理费用"和"销售费用"账户；另一方面，计提折旧费减少的固定资产价值，应贷记"累计折旧"账户。因此，应编制会计分录如下：

　　借：制造费用　　　　　　　　　　　　　　　　98 000

　　　　管理费用　　　　　　　　　　　　　　　　19 000

　　　　销售费用　　　　　　　　　　　　　　　　 3 000

　　　　贷：累计折旧　　　　　　　　　　　　　　　　120 000

（四）其他费用的核算

【例 3-23】 12 月 20 日采购人员赵安报销差旅费 4 500 元，原预借 5 000 元，余款交回现金。

采购人员报销差旅费，要涉及"其他应收款"账户。该账户属资产类账户，用以核算企业除应收账款、应收票据、预付账款等以外的其他各种应收及暂付款项，如应收的各种赔款、罚款，企业因财产等遭受意外损失而向有关保险公司收取的赔款等。发生时记入该账户的借方；收到或交还时，记入该账户的贷方。期末余额在借方，反映企业尚未收回的其他应收款。该账户可按债务人设置明细账进行明细核算。

因此，此项经济业务由于使行政管理人员的差旅费用增加，应计入管理费用，借记"管理费用"科目；同时，原预借差旅费剩余部分交回现金，企业现金增加,借记"库存现金"科目;另一方面,由于报销了差旅费并交回余款,职工预借企业款项已结清,贷记"其他应收款"科目。因此,应编制会计分录如下:

借:管理费用　　　　　　　　　　　　　　　　　　4 500
　　库存现金　　　　　　　　　　　　　　　　　　　500
　　贷:其他应收款——赵安　　　　　　　　　　　　　　5 000

【例 3-24】　12 月 9 日以银行存款支付预订下一年度报纸杂志费 2 400元。

预订下一年度的报纸杂志,虽然款项在本月实际支付,但其受益期为下一年度各月份,此时,企业应设置"待摊费用"账户,该账户根据资产类账户,用以核算已经支付但应由本期和以后各期负担的分摊期限在一年以内(含一年)的各项费用,如预先支付下一年的报纸杂志费用等。企业发生待摊费用,记入该账户借方;在受益期内摊销时,记入该账户贷方。该账户的期末余额在借方,反映企业尚未摊销完毕的待摊费用。该账户可按费用项目设置明细账进行明细核算。

因此,此项经济业务一方面使企业待摊费用增加,借记"待摊费用"科目,另一方面,企业银行存款减少,贷记"银行存款"科目。因此,应编制会计分录如下:

借:待摊费用　　　　　　　　　　　　　　　　　　2 400
　　贷:银行存款　　　　　　　　　　　　　　　　　　2 400

【例 3-25】　12 月 31 日计提本月短期借款及利息假设是 5 000 元。

对于按季支付利息的短期借款,企业一般采用月末计提的方式进行处理。在借入借款后的每月末,根据借款的本金和利率计算出当月应负担的利息,借记"财务费用"科目;同时增加当期应付利息这项负债,贷记"应付利息"科目。应编制会计分录如下:

借:财务费用　　　　　　　　　　　　　　　　　　5 000
　　贷:应付利息　　　　　　　　　　　　　　　　　　5 000

(五)制造费用的归集和分配

企业生产部门在组织和管理产品生产过程中发生的所有不能直接计入产品成本中的部分先计入"制造费用"账户进行归集。在会计期末时,为了正确计算产品的生产成本,要将其合理地分配到有关产品成本中。一般常用的分配标准有生产工人工时比例法、生产工人工资比例法、机器工时比例法、年度计划分配率法、产品产量法等。其计算公式如下:

制造费用分配率＝制造费用总额/各种产品的分配标准之和

某种产品应分配的制造费用＝该种产品的分配标准×制造费用分配率

【例 3-26】 12 月 31 日,南方有限责任公司分配结转本月制造费用,企业财会人员根据"制造费用"明细账户的借方发生额 126 000 元(见图 3-3 制造费用 T 形账),以及有关生产工人工时统计资料计算后,填制"制造费用分配表",如表 3-4 所示。

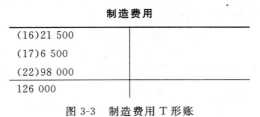

图 3-3　制造费用 T 形账

表 3-4　制造费用分配表

车间:生产车间　　　　　　　　　2010 年 12 月 31 日　　　　　　　　单位:元

分配对象	分配标准 (生产工人工时)	分配率	分配金额
Ⅰ型产品	6 000	12.60	75 600
Ⅱ型产品	4 000	12.60	50 400
合　计	10 000		126 000

　　制造费用总额为 126 000 元,按照生产工人工时的比例分配制造费用。

　　制造费用分配率＝126 000/(6 000＋4 000)＝12.6(元/小时)

　　Ⅰ型产品应负担的制造费用＝6 000×12.6＝75 600(元)

　　Ⅱ型产品应负担的制造费用＝4 000×12.6＝50 400(元)

　　该项交易或者事项发生后,引起企业费用要素内部发生变化。一方面,引起了费用要素中的生产成本项目增加了,应借记"生产成本"账户;另一方面,引起了费用要素中的制造费用项目减少了,应贷记"制造费用"账户。因此,应编制会计分录如下:

　　借:生产成本——Ⅰ型产品　　　　　　　　　　　　　75 600

　　　　　　　——Ⅱ型产品　　　　　　　　　　　　　50 400

　　　贷:制造费用　　　　　　　　　　　　　　　　　　　　126 000

　　(六)完工产品生产成本的计算及结转

　　会计期末,各产品"生产成本"账户的借方反映了本期应计入该产品成本的各项费用。但有的产品可能存在期初在产品,因此本期发生的生产成本加上期初在产品成本,才是该产品到本期期末所发生的全部生产成本。然后再采用适当的方法,将其在本期完工产品和期末在产品间进行分配,计算并结转本期完工产品的实际生产成本。

【例 3-27】　12 月 31 日,南方有限责任公司根据"完工产品成本汇总表"结转本月完工产品的生产成本(假设 I 型产品、II 型产品均为本月投产、本月完工)。"完工产品成本汇总表"如表 3-5 所示。

表 3-5　完工产品成本汇总表

2010 年 12 月 31 日　　　　　　　　　　　　　　　　　单位:元

成本项目	I 型产品(1 000 件)		II 型产品(800 件)	
	总成本	单位成本	总成本	单位成本
直接材料	430 000	430	490 000	612.50
直接人工	23 000	23	22 000	27.50
制造费用	75 600	75.60	50 400	63.00
合　计	528 600	528.60	562 400	703.00

企业日常为生产产品而发生的生产费用分别按上述成本项目归集在"生产成本明细账"中。月末,根据"生产成本明细账"归集的生产费用,结合有关统计资料,按照一定的成本计算方法,将该种产品归集的生产费用在完工产品和在产品之间进行分配,计算出完工产品的总成本和单位成本。

该项交易或者事项发生后,引起企业资产要素和费用要素发生变化。一方面,引起了资产要素中的库存商品项目增加了,应借记"库存商品"账户;另一方面,引起了费用要素中的生产成本项目减少了,应贷记"生产成本"账户。因此,应编制会计分录如下:

借:库存商品——I 型产品　　　　　　　　　　　528 600
　　　　　　——II 型产品　　　　　　　　　　　562 400
　贷:生产成本——I 型产品　　　　　　　　　　　　528 600
　　　　　　——II 型产品　　　　　　　　　　　　562 400

综上所述,企业生产过程主要账务处理程序用"T"形账户表示,如图 3-4 所示。

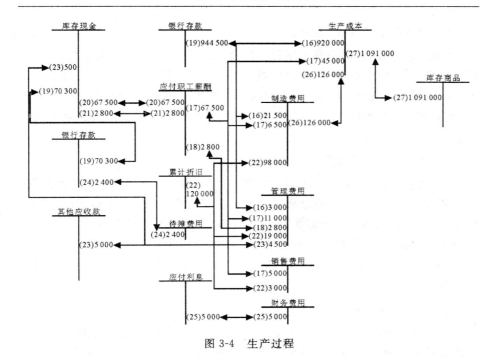

图 3-4 生产过程

第四节 产品销售业务的核算

销售过程是制造企业经济活动的最后阶段。企业通过这一过程,将产品销售出去并收回货款。在会计上作为销售业务核算的,则包括产品销售、材料销售等。产品销售收入成为主营业务收入,它在企业的整体收入中占有极大的比例,是企业利润的主要来源;材料销售收入则成为其他业务收入。制造企业以付出产品为代价取得销售收入,已销售产品的生产成本就是销售成本;为销售产品发生的各种销售费用,包括包装费、运输费、装卸费等。最后还要按照税法的相关规定,计算并缴纳税费。

制造企业销售业务核算的主要内容是:确认业务收入的实现,结转业务成本,支付销售费用,核算销售税金。

一、销售过程应设置的账户

为了完成销售过程的核算任务,企业需设置以下账户。

（一）"主营业务收入"账户

"主营业务收入"账户属于损益类账户,用来核算企业确认的销售商品、提供劳务等主营业务的收入。该账户贷方登记企业销售商品或提供劳务实现的销售收入;借方登记发生的销售退回或销售折让。期末,应将该账户的余额转入"本年利润"账户,结转后本账户应无余额。该账户应当按照主营业务的种类进行明细分类核算。

（二）"主营业务成本"账户

"主营业务成本"账户属于损益类账户,用来核算企业确认的销售商品、提供劳务等主营业务收入时应结转的成本。该账户借方登记企业应根据本期销售各种商品、提供各种劳务等实际成本,计算应结转的主营业务成本;本期发生的销售退回,如已结转销售成本的贷记本账户。期末,应将本账户的余额转入"本年利润"账户,结转后本账户无余额。该账户可按主营业务的种类进行明细分类核算。

（三）"其他业务收入"账户

"其他业务收入"账户属于损益类账户,用来核算企业确认的除主营业务活动以外的其他经营活动实现的收入,包括出租固定资产、出租无形资产、出租包装物和商品、销售材料等实现的收入。该账户贷方登记企业确认的其他业务收入。期末,应将本账户的余额转入"本年利润"账户,结转后本账户应无余额。该账户可按其他业务收入种类进行明细核算。

（四）"其他业务成本"账户

"其他业务成本"账户属于损益类账户,用来核算企业确认的除主营业务活动以外的其他经营活动所发生的支出,包括出租固定资产的折旧额、出租无形资产的摊销额、出租包装物的成本或摊销额、销售材料的成本等。该账户借方登记企业发生的其他业务成本。期末,应将本账户的余额转入"本年利润"账户,结转后本账户无余额。该账户可按其他业务成本的种类进行明细核算。

（五）"营业税金及附加"账户

"营业税金及附加"账户属于损益类账户,用来核算企业经营活动发生的营业税金及附加,包括营业税、消费税、城市维护建设税、资源税和教育费附加等相关税费。企业按规定计算确定的与经营活动相关的税费,借记本账户。期末,应将本账户余额从贷方转入"本年利润"账户,结转后本账户无余额。

（六）"应收账款"账户

"应收账款"账户属于资产类账户,用来核算企业因销售商品、提供劳务等经营活动应收取的款项。该账户借方登记企业经营收入发生的应收款项;贷方登记实际收到的应收账款。本账户期末借方余额,反映企业尚未收回的应收账款。该账户可按债务人进行明细核算。

(七)"应收票据"账户

"应收票据"账户属于资产类账户,用来核算企业因销售商品、提供劳务等而收到的商业汇票,包括银行承兑汇票和商业承兑汇票。该账户借方登记取得的应收票据的面值;贷方登记到期收回票款或到期前向银行贴现的应收票据的票面金额。期末借方余额,反映企业持有的商业汇票的票面金额。该账户可按开出、承兑商业汇票的单位进行明细核算。

(八)"预收账款"账户

"预收账款"账户属于负债类账户,用来核算企业按照合同规定预收的款项。该账户贷方登记发生的预收账款的数额和购货单位补付账款的数额;借方登记企业向购货方发货后冲销的预收账款数额和退回购货方多付账款的数额。本账户期末贷方余额,反映企业预收的款项。该账户可按购货单位进行明细核算。

另外,在销售过程中还会涉及其他相关账户,如"应交税费——应交消费税"、"应交税费——应交城建税"等,以下将结合相关经济业务对其进行说明。

二、销售过程主要经济业务的核算

(一)销售产品收入的核算

【例3-28】　12月13日,南方有限责任公司向大兴物资公司销售Ⅰ型产品800件,每件900元,价款共计720 000元,按规定应收取增值税额122 400元,提货单和增值税专用发票已交给买方,款项尚未收到。

该笔交易或者事项发生后,引起企业资产要素与收入要素、负债要素发生变化。一方面,引起企业资产要素中应收账款项目增加了,应借记"应收账款"账户;另一方面,实现产品销售收入,使收入要素中的主营业务收入项目增加了,应贷记"主营业务收入"账户;同时,使负债要素中的应交税费——应交增值税的销项税额项目增加了,应贷记"应交税费——应交增值税(销项税额)"账户。因此,应编制会计分录如下:

```
借:应收账款——大兴物资公司            842 400
    贷:主营业务收入                      720 000
      应交税费——应交增值税(销项税额)    122 400
```

【例3-29】　12月18日,南方有限责任公司收到大兴物资公司寄来的一张 3 个月期的商业承兑汇票，面值为 842 400 元，偿还前欠货款。

　　该笔交易或者事项发生后，引起企业资产要素发生变化。一方面，使企业资产要素中的应收账款项目减少了，应贷记"应收账款"账户；另一方面，使企业资产要素中的应收票据项目增加了，应借记"应收票据"账户。因此，应编制会计分录如下：

　　　　借：应收票据　　　　　　　　　　　　　　　　　842 400
　　　　　　贷：应收账款——大兴物资公司　　　　　　　　　 842 400

　　【例 3-30】　12 月 30 日，南方有限责任公司上述票据到期，收回金额 842 400 元，存入银行。

　　该笔交易或者事项发生后，引起企业资产要素发生变化。一方面，使企业资产要素中的应收票据项目减少了，应贷记"应收票据"账户；另一方面，使企业资产要素中的银行存款项目增加了，应借记"银行存款"账户。因此，应编制会计分录如下：

　　　　借：银行存款　　　　　　　　　　　　　　　　　842 400
　　　　　　贷：应收票据　　　　　　　　　　　　　　　　　842 400

　　【例 3-31】　12 月 19 日，南方有限责任公司收到豫和机电公司预付Ⅱ型产品货款 200 000 元，存入银行。

　　该笔交易或者事项发生后，引起企业负债要素与资产要素发生变化。一方面，使企业负债要素中的预收账款项目增加了，应贷记"预收账款"账户；另一方面，使企业资产要素中的银行存款项目增加了，应借记"银行存款"账户。因此，应编制会计分录如下：

　　　　借：银行存款　　　　　　　　　　　　　　　　　200 000
　　　　　　贷：预收账款——豫和机电　　　　　　　　　　　200 000

　　【例 3-32】　12 月 31 日，南方有限责任公司向豫和机电公司销售Ⅱ型产品 800 件，每件 1 000 元，货款金额计 800 000 元，应交纳增值税 136 000 元。豫和机电公司补付剩余货款。

　　该笔交易或者事项发生后，引起企业收入要素与负债要素发生变化。一方面，引起企业负债要素中预收账款项目减少了，应借记"预收账款"账户，同时收到剩余货款，银行存款增加，应借记"银行存款"；另一方面，实现产品销售收入，使收入要素中的主营业务收入项目增加，应贷记"主营业务收入"账户，同时，使负债要素中的应交税费——应交增值税（销项税额）项目增加，应贷记"应交税费——应交增值税（销项税额）"账户。因此，应编制会计分录如下：

　　　　借：预收账款——豫和机电　　　　　　　　　　　936 000
　　　　　　贷：主营业务收入　　　　　　　　　　　　　　　800 000

　　　应交税费——应交增值税（销项税额）　　　　　　　　136 000

　　【例3-33】　12月31日,南方有限责任公司收到豫和机电公司补付其余货款 736 000 元。

　　该笔交易或者事项发生后,引起企业负债要素与资产要素发生变化。一方面,使企业负债要素中的预收账款项目增加了,应贷记"预收账款"账户;另一方面,使企业资产要素中的银行存款项目增加了,应借记"银行存款"账户。因此,应编制会计分录如下:

　　借:银行存款　　　　　　　　　　　　　　　　　736 000
　　　贷:预收账款——豫和机电　　　　　　　　　　　　736 000

　　（二）期间费用的核算

　　【例3-34】　12月21日,南方有限责任公司本月销售Ⅰ型产品和Ⅱ型产品共发生运输费 3 000 元、装卸费 500 元,均以银行存款支付。

　　该笔交易或者事项发生后,引起企业资产要素和费用要素发生变化。一方面,使企业资产要素中的银行存款项目减少了,应贷记"银行存款"账户;另一方面,使企业费用要素中的销售费用项目增加了,应借记"销售费用"账户。因此,应编制会计分录如下:

　　借:销售费用　　　　　　　　　　　　　　　　　3 500
　　　贷:银行存款　　　　　　　　　　　　　　　　　　3 500

　　【例3-35】　12月18日,南方有限责任公司以银行存款支付银行手续费 100 元。

　　该笔交易或者事项发生后,引起企业资产要素和费用要素发生变化。一方面,使企业资产要素中的银行存款项目减少了,应贷记"银行存款"账户;另一方面,使企业费用要素中的财务费用项目增加了,应借记"财务费用"账户。因此,应编制会计分录如下:

　　借:财务费用　　　　　　　　　　　　　　　　　100
　　　贷:银行存款　　　　　　　　　　　　　　　　　　100

　　（三）主营业务成本结转

　　【例3-36】　12月31日,南方有限责任公司根据"产品出库单"结转本月已销产品的成本 985 280 元。"产品出库单"如表3-6所示。

表 3-6　产品出库单

2010 年 12 月 31 日　　　　　　　　　第 012 号

名　称	单　位	数　量	单位成本	金额（元）	用　途
Ⅰ型产品	件	800	528.60	422 880	销售
Ⅱ型产品	件	800	703.00	562 400	销售
合　计		1 600		985 280	

该笔交易或者事项发生后，引起企业资产要素和费用要素发生变化。一方面，使企业资产要素中的库存商品项目减少了，应贷记"库存商品"账户；另一方面，使企业费用要素中的主营业务成本项目增加了，应借记"主营业务成本"账户。因此，应编制会计分录如下：

借：主营业务成本　　　　　　　　　　　　　　　　985 280
　　贷：库存商品——Ⅰ　　　　　　　　　　　　　　　　422 880
　　　　　　——Ⅱ　　　　　　　　　　　　　　　　562 400

（四）其他业务的核算

【例 3-37】　12 月 28 日，南方有限责任公司销售一批原材料，开出的增值税专用发票上注明的售价为 10 000 元，增值税税额为 1 700 元，款项已由银行收妥。

该笔交易或者事项发生后，引起企业资产要素与收入要素、负债要素发生变化。一方面，引起企业资产要素中银行存款项目增加了，应借记"银行存款"账户；另一方面，实现产品销售收入，使收入要素中的其他业务收入项目增加了，应贷记"其他业务收入"账户，同时，使负债要素中的应交税费——应交增值税（销项税额）项目增加了，应贷记"应交税费——应交增值税（销项税额）"账户。因此，应编制会计分录如下：

借：银行存款　　　　　　　　　　　　　　　　11 700
　　贷：其他业务收入　　　　　　　　　　　　　　　　10 000
　　　　应交税费——应交增值税（销项税额）　　　　　1 700

【例 3-38】　12 月 31 日，南方有限责任公司结转已销原材料 B 的实际成本 4 500 元。

该笔交易或者事项发生后，引起企业资产要素和费用要素发生变化。一方面，使企业资产要素中的原材料项目减少了，应贷记"原材料"账户；另一方面，使企业费用要素中的其他业务成本项目增加了，应借记"其他业务成本"账户。因此，应编制会计分录如下：

借：其他业务成本　　　　　　　　　　　　　　　　4 500
　　贷：原材料——B 材料　　　　　　　　　　　　　　　4 500

（五）营业税金及附加的核算

【例 3-39】 12 月 31 日南方有限责任公司销售Ⅰ型产品属于消费税应税产品,适用税率为 5%。月末,计算本月销售Ⅰ型产品应负担的消费税。

根据税法规定,在我国境内从事生产、委托加工或进口应交消费税的单位和个人,就其销售额或销售数量,在特定环节征收消费税。"应交税费——应交消费税"账户,属于负债类账户,用于核算企业根据税法规定应缴纳的消费税。该账户贷方登记应缴纳的消费税等;借方登记实际缴纳的税费。期末余额一般在贷方,反映企业尚未缴纳的消费税。

根据相关账户记录,本月共销售Ⅰ型产品 720 000 元,按 5% 的税率计算应交消费税 36 000 元,一方面应计入当期损益,借记"营业税金及附加"账户;另一方面,由于消费税尚未实际缴纳,企业应交税费这项负债增加,贷记"应交税费——应交消费税"账户。因此,应编制会计分录如下:

借:营业税金及附加   36 000

    贷:应交税费——应交消费税   36 000

【例 3-40】 12 月 31 日,南方有限责任公司计提本月城市维护建设税及教育费附加。本企业适用的城市维护建设税率及教育费附加的征收比率分别为 7% 和 3%。

城市维护建设税和教育费附加是以企业缴纳的增值税、消费税、营业税税额为依据所征收的附加税费,分别用于城市的公用事业和公共设施的维护建设及教育支出。"应交税费——应交城建税"账户,"应交税费——应交教育费附加"账户属于负债类账户,用于核算企业根据税法规定应缴纳的城建税、教育费附加。

经查,本期应交税费相关账户记录,应交增值税 T 形账、应交消费税 T 形账分别如图 3-5 和 3-6 所示。

(6)1 700	(28)122 400		(39)36 000
(7)85 000	(32)136 000		
(8)2 550	(37)1 700		
(11)51 000			
(13)5 100			
(15)25 500			
	89 250		36 000

图 3-5 应交税费——应交增值税   图 3-6 应交税费——应交消费税

根据账户记录,本月应交增值税为 89 250 元,应交消费税为 36 000 元,无

应交营业税,则:

　　　应交城建税＝(89 250＋36 000)×7%＝8 767.5(元)

　　　应交教育费附加＝(89 250＋36 000)×3%＝3 757.5(元)

　　本月应负担的城建税及教育费附加,一方面应计入当期损益,借记"营业税金及附加"账户;另一方面,由于城建税及教育费附加尚未实际缴纳,企业应交税费这项负债增加,应贷记"应交税费"账户。因此,应编制会计分录如下:

　　借:营业税金及附加　　　　　　　　　　　　　　　　12 525

　　　贷:应交税费——应交城建税　　　　　　　　　　　　　8 767.5

　　　　　　　——应交教育费附加　　　　　　　　　　　　3 757.5

　　综上所述,企业销售业务主要账务处理程序用"T"形账户表示,如图 3-7 所示。

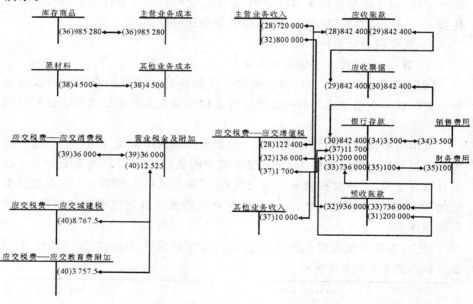

图 3-7　销售过程

第五节 财务成果业务的核算

财务成果是指企业在一定时期内进行生产经营活动最终在财务上所实现的成果,即净利润或净亏损。它是一项综合反映企业经营质量的指标。财务成果核算的重要任务,就是正确计算企业在一定会计期间内的盈亏。

一、工业企业财务成果的构成

利润是指企业在一定会计期间的经营成果。利润包括收入减去费用后的净额,直接计入当期利润的利得和损失等。

直接计入当期利润的利得和损失,是指应当计入当期损益、会导致所有者权益发生增减变动的、与所有者投入资本或者向所有者分配利润无关的利得或者损失。营业利润、利润总额、净利润是利润的几个主要层次。

（一）营业利润

营业利润＝营业收入－营业成本－营业税金及附加－销售费用－管理费用－财务费用－资产减值损失＋公允价值变动收益（－公允价值变动损失）＋投资收益（－投资损失）

其中,营业收入是指企业经营业务所确认的收入总额,包括主营业务收入和其他业务收入;营业成本是指企业经营业务所发生的实际成本总额,包括主营业务成本和其他业务成本;资产减值损失是指企业计提各项资产减值准备所形成的损失;公允价值变动收益（或损失）是指企业交易性金融资产等公允价值变动形成的应计入当期损益的利得（或损失）;投资收益（或损失）是指企业以各种方式对外投资所得的收益（或损失）。

（二）利润总额

利润总额＝营业利润＋营业外收入－营业外支出

其中,营业外收入是指企业发生与其日常经营活动无直接关系的各项利得;营业外支出是指企业发生的与其日常经营活动无直接关系的各项损失。

（三）净利润

净利润＝利润总额－所得税费用

其中,所得税费用是指企业确认的应从当期利润总额中扣除的所得税费用。

二、利润核算

（一）利润形成业务应设置账户

1. "营业外收入"账户

"营业外收入"账户属于损益类账户，用来核算企业发生的、与其经营活动无直接关系的各项净收入，主要包括处置非流动资产利得、罚没利得、政府补助利得，以及确实无法支付而按规定程序批准后转作营业外收入的应付账款等。该账户贷方登记企业确认的各项营业外收入；借方登记期末结转入"本年利润"的营业外收入。期末，结转后本账户应无余额。该账户应按照营业外收入的项目进行明细核算。

2. "营业外支出"账户

"营业外支出"账户属于损益类账户，用来核算企业发生的、与其经营活动无直接联系的各项净支出，包括处置非流动资产损失、罚款支出、捐赠支出和非常损失等。该账户借方登记企业发生的各项营业外支出；贷方登记期末结转入本年利润的营业外支出。期末，结转后本账户应无余额。该账户应按照营业外支出的项目进行明细核算。

3. "投资收益"账户

"投资收益"账户属于损益类账户，用来核算企业对外投资取得的收益或发生的损失。该账户贷方登记取得的投资收益或期末投资损失的转出；借方登记投资损失和期末投资净收益的转出数额。期末，结转后该账户应无余额。该账户应按投资收益的种类进行明细核算。

4. "本年利润"账户

"本年利润"账户属于所有者权益类账户，用来核算企业当期实现的净利润（或发生的净亏损）。企业期末结转利润时，应将各损益类账户的金额转入本账户，结平各损益类账户。结转后本账户的贷方余额为当期实现的净利润；借方余额为当期发生的净亏损。年度终了，应将本年收入和支出相抵后结出的本年实现的净利润，转入"利润分配"账户。

5. "所得税费用"账户

"所得税费用"账户属于损益类账户，用来核算企业按规定从本期损益中扣除的所得税。该账户的借方登记发生的所得税费用；贷方登记期末转入"本年利润"账户借方的所得税费用，结转后该账户应无余额。

6."应交税费——应交所得税"

"应交税费——应交所得税"属于负债类账户,用于核算企业根据税法规定应缴纳的所得税。该账户贷方登记应缴纳的各种税费等;借方登记实际缴纳的税费。期末余额一般在贷方,反映企业尚未缴纳的所得税。

(二)利润形成业务的会计处理

1.营业外收支业务的会计处理

【例 3-41】　12 月 11 日,南方有限责任公司将无法支付的应付账款 4 000元转作营业外收入。

该笔交易或者事项发生后,引起企业负债要素和收入要素发生变化。一方面,使企业负债要素中的应付账款项目减少了,应借记"应付账款"账户;另一方面,使企业收入要素中的营业外收入项目增加了,应贷记"营业外收入"账户。因此,应编制会计分录如下:

借:应付账款　　　　　　　　　　　　　　　　　　4 000
　　贷:营业外收入　　　　　　　　　　　　　　　　　　4 000

【例 3-42】　12 月 12 日,南方有限责任公司以银行存款支付税款滞纳金1 000 元。

该笔交易或者事项发生后,引起企业费用要素和资产要素发生变化。一方面,使企业费用要素中的营业外支出项目增加了,应借记"营业外支出"账户;另一方面,使企业资产要素中的银行存款项目增加了,应贷记"银行存款"账户。因此,应编制会计分录如下:

借:营业外支出　　　　　　　　　　　　　　　　　　1 000
　　贷:银行存款　　　　　　　　　　　　　　　　　　　1 000

2.投资收益的会计处理

【例 3-43】　12 月 30 日,南方有限责任公司收到投资债券利息 40 000 元已存入银行。

该笔交易或者事项发生后,引起企业资产要素和投资收益发生变化一方面,使企业资产要素中的银行存款项目增加了,应借记"银行存款"账户;另一方面,使企业的投资收益项目增加了,应贷记"投资收益"账户。因此,应编制会计分录如下:

借:银行存款　　　　　　　　　　　　　　　　　　40 000
　　贷:投资收益　　　　　　　　　　　　　　　　　　40 000

3.损益类账户的余额结转到"本年利润"的会计处理

【例 3-44】　12 月 31 日,南方有限责任公司根据有关损益类账户余额,将本月实现的主营业务收入、其他业务收入、投资收益、营业外收入转入"本年利润"账户。各有关账户的期末余额如表 3-7 所示。

表 3-7　各有关损益类账户的本期发生额

单位:元

会计科目	借方发生额	会计科目	贷方发生额
主营业务成本	985 280	主营业务收入	1 520 000
其他业务成本	4 500	其他业务收入	10 000
营业税金及附加	48 525	投资收益	40 000
销售费用	11 500	营业外收入	4 000
管理费用	40 300		
财务费用	5 100		
营业外支出	1 000		

(1)结转各项收入和利得。

该笔交易或者事项发生后,引起企业所有者权益要素和收入要素发生变化。一方面,使企业所有者权益要素中的本年利润项目增加了,应贷记"本年利润"账户;另一方面,使企业收入要素中的营业外收入、其他业务收入等项目共计减少了,应借记"主营业务收入"、"其他业务收入"等账户。因此,应编制会计分录如下:

借:主营业务收入　　　　　　　　　　　　　　1 520 000
　　其他业务收入　　　　　　　　　　　　　　　 10 000
　　投资收益　　　　　　　　　　　　　　　　　 40 000
　　营业外收入　　　　　　　　　　　　　　　　　4 000
　　贷:本年利润　　　　　　　　　　　　　　　　　1 574 000

(2)结转各项费用和损失。

该笔交易或者事项发生后,引起企业所有者权益要素和费用要素发生变化。一方面,使企业所有者权益要素中的本年利润项目减少了,应借记"本年利润"账户;另一方面,使企业费用要素中的主营业务成本、其他业务成本等项目共计减少了,应贷记"主营业务成本"、"其他业务成本"等账户。因此,应编制会计分录如下:

借:本年利润　　　　　　　　　　　　　　　　1 096 205
　　贷:主营业务成本　　　　　　　　　　　　　　 985 280
　　　其他业务成本　　　　　　　　　　　　　　　　4 500
　　　营业税金及附加　　　　　　　　　　　　　　 48 525
　　　销售费用　　　　　　　　　　　　　　　　　 11 500

管理费用	40 300
财务费用	5 100
营业外支出	1 000

4.所得税的会计处理

【例3-45】　12月31日,南方有限责任公司计算本年应交所得税,并确认所得税费用。

假定所得税率为25%,经过上述结转后,"本年利润"科目的贷方发生额合计1 574 000元,减去借方发生额合计1 096 205元,即为税前会计利润477 795元。假设不需要进行纳税调整,按照会计准则计算确认的所得税费用与应交所得税额一致,则本年应交所得税额为119 448.75元(477 795×25%)。

该笔交易或者事项发生后,引起企业费用要素和负债要素发生变化。一方面,使企业费用要素中的所得税费用项目增加了,应借记"所得税费用"账户;另一方面,使企业负债要素中的应交税费项目增加了,应贷记"应交税费"账户。因此,应编制会计分录如下:

借:所得税费用　　　　　　　　　　　　　　119 448.75
　　贷:应交税费——应交所得税　　　　　　　　　　119 448.75

【例3-46】　南方有限责任公司结转所得税费用119 448.75元。

该笔交易或者事项发生后,引起企业所有者权益要素和费用要素发生变化。一方面,使企业所有者权益要素中的本年利润项目减少了,应借记"本年利润"账户;另一方面,使企业费用要素中的所得税费用减少了,应贷记"所得税费用"账户。因此,应编制会计分录如下:

借:本年利润　　　　　　　　　　　　　　　119 448.75
　　贷:所得税费用　　　　　　　　　　　　　　　119 448.75

5."本年利润"账户余额结转"利润分配——未分配利润"

【例3-47】　12月31日,南方有限责任公司将"本年利润"账户年末余额358 346.25元(1 574 000−1 096 205−119 448.75)转入"利润分配——未分配利润"账户。

该笔交易或者事项发生后,引起企业所有者权益要素发生变化。一方面,使企业所有者权益要素中的本年利润项目减少了,应借记"本年利润"账户;另一方面,使企业所有者权益要素中的利润分配项目增加了,应贷记"利润分配"账户。因此,应编制会计分录如下:

借:本年利润　　　　　　　　　　　　　　　358 346.25
　　贷:利润分配——未分配利润　　　　　　　　　358 346.25

三、利润分配的核算

企业在一定期间取得的利润总额减去按规定向国家缴纳的所得税后的余额,称为净利润。企业实现的净利润除国家另有规定外,应按下列顺序分配:

(1)弥补以前年度亏损。

(2)提取法定盈余公积。企业实现的税后净利润,在按规定弥补亏损后,应当按税后利润扣除弥补后余额的比例计提法定公积金,当提取的法定公积金达到注册资本金的50%时,可以不再计提。

(3)提取任意盈余公积。

(4)向投资者分配利润。

(一)账户设置

1.“利润分配”账户

“利润分配”账户属于所有者权益账户,用来核算企业利润的分配(或亏损的弥补)和历年分配(或弥补)后的未分配利润(或未弥补亏损)。该账户贷方反映年末由“本年利润”账户转入的全年实现的净利润;借方反映年末由“本年利润”账户转入的全年发生的净亏损或利润分配的数额。期末余额,如在贷方,反映企业历年积存的未分配利润;如在借方,反映企业累计未弥补的亏损。该账户应当分别按“法定盈余公积”、“任意盈余公积”、“应付股利或利润”、“盈余公积补亏”、“未分配利润”等进行明细分类核算。

2.“盈余公积”账户

“盈余公积”账户属于所有者权益账户,用来核算企业从净利润中提取的盈余公积。该账户贷方登记企业按规定提取的盈余公积;借方登记盈余公积的使用,如转增资本,弥补亏损等。期末贷方余额,反映企业按规定提取的盈余公积余额。该账户应当分别按“法定盈余公积”、“任意盈余公积”,进行明细分类核算。

3.“应付股利”账户

“应付股利”账户属于负债类账户,用来核算企业分配的现金股利或利润。该账户贷方登记企业应根据股东大会或类似机构通过的利润分配方案,应支付的现金股利或利润;借方登记实际支付现金股利或利润。该账户应当按照投资者进行明细分类核算。

(二)利润分配的核算

【例3-48】　12月31日,假设南方有限责任公司年初未分配利润为0。经

股东大会批准,按本年净利润的 10% 和 20% 分别提取法定盈余公积金和任意盈余公积金。(金额保留两位小数)

该笔经济业务发生后,一方面,反映了公司利润分配的一个去向即提取法定和任意盈余公积,这个利润分配去向最终要减少企业未分配利润,应借记"利润分配——提取盈余公积"账户;另一方面,使企业所有者权益要素中的盈余公积项目增加了,应贷记"盈余公积"账户。因此,应编制会计分录如下:

借:利润分配——提取盈余公积　　　　　　　　107 503.88
　　贷:盈余公积——法定盈余公积　　　　　　　　 35 834.63
　　　　　　——任意盈余公积　　　　　　　　　　 71 669.25

【例 3-49】　12 月 31 日,经股东大会批准,南方有限责任公司宣布按本年净利润的 20% 向普通股股东分派现金股利。

该笔经济业务发生后,一方面,反映了公司利润分配的另一个去向即向投资者分配利润,这个利润分配去向最终要减少企业未分配利润,应借记"利润分配——应付股利"账户;另一方面,使企业负债要素中的应付利润项目增加了,应贷记"应付股利"账户。因此,应编制会计分录如下:

借:利润分配——应付股利　　　　　　　　　　71 669.25
　　贷:应付股利　　　　　　　　　　　　　　　　 71 669.25

【例 3-50】　南方有限责任公司将"利润分配——法定盈余公积"、"利润分配——任意盈余公积"、"利润分配——应付股利"明细账户结转"利润分配——未分配利润"账户。(金额保留两位小数)

年度终了,企业要结转当年的利润分配情况,即将"利润分配"账户各明细账户的借方发生额全部转入"利润分配——未分配利润"账户的借方,结转后,除"利润分配——未分配利润"账户外,其他明细账均无余额。年末,"利润分配——未分配利润"账户贷方余额表示当年未分配完的,留待以后年度可继续向投资者分配的利润;若是借方余额,则表示未弥补的亏损。因此,应编制会计分录如下:

借:利润分配——未分配利润　　　　　　　　179 173.13
　　贷:盈余公积——法定盈余公积　　　　　　　　 35 834.63
　　　　　　——任意盈余公积　　　　　　　　　　 71 669.25
　　　　　　——应付股利　　　　　　　　　　　　 71 669.25

综上所述,企业财务成果核算、利润分配核算主要账务处理程序用"T"形账户表示,如图 3-8 和图 3-9 所示。

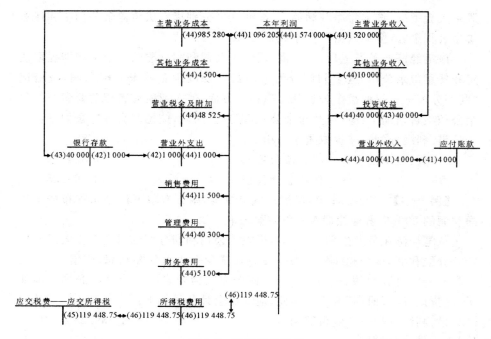

图 3-8　财务成果核算

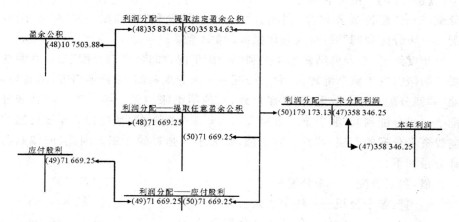

图 3-9　利润分配核算

课后练习

一、单项选择题

1. 企业接受无形资产投资时,应以(　　)入账。
   A. 账面原值　　　　　　　　B. 协议约定价值
   C. 市场价值　　　　　　　　D. 账面净值

2. 企业收到投资人投入的资本时,应贷记(　　)账户。
   A. 银行存款　　　　　　　　B. 实收资本
   C. 固定资产　　　　　　　　D. 长期借款

3. 以下属于所有者权益项目的是(　　)。
   A. 著作权　　　　　　　　　B. 固定资产
   C. 未分配利润　　　　　　　D. 应收账款

4. 制造企业采购材料物资运输途中的合理损耗应(　　)。
   A. 记入管理费用　　　　　　B. 记入采购成本
   C. 由供应单位赔偿　　　　　D. 由保险公司赔偿

5. 下列项目中不构成材料采购成本的是(　　)。
   A. 买价　　B. 增值税　　C. 装卸费　　D. 关税

6. 某企业购买甲材料 500 千克,取得增值税专用发票,单价 20 元/千克,价款 10 000 元,增值税额 1 700 元,发生运杂费 500 元,材料运输途中发生合理损耗 20 千克,入库前发生挑选整理费 300 元,则甲材料的采购成本为(　　)元。
   A. 10 800　　　B. 11 200　　　C. 12 900　　　D. 10 400

7. 下列项目中,属于制造费用性质的是(　　)。
   A. 材料采购中发生的运杂费　　B. 职工探亲旅费
   C. 车间照明用电费　　　　　　D. 产品广告宣传费

8. 下列项目中,属于管理费用性质的是(　　)。
   A. 生产工人工资　　　　　　B. 捐赠支出
   C. 差旅费　　　　　　　　　D. 动力费

9. 企业分配工资费用时,厂部管理人员的工资应记入(　　)账户。
   A. 管理费用　　　　　　　　B. 应付职工薪酬
   C. 生产成本　　　　　　　　D. 制造费用

10. "应付职工薪酬"是(　　)科目。

A. 资产类　　　 B. 负债类　　　 C. 所有者权益类　　　 D. 损益类

11. 企业出售无形资产取得的净收益应记入（　　　）。

A. 主营业务收入　　　　　　　　 B. 其他业务收入

C. 营业外收入　　　　　　　　　 D. 投资收益

12. 制造企业将多余闲置的固定资产出租，收取的租金收入应计入（　　　）。

A. 主营业务收入　　　　　　　　 B. 其他业务收入

C. 投资收益　　　　　　　　　　 D. 营业外收入

13. "生产成本"账户核算的内容不包括（　　　）。

A. 直接材料费　　　　　　　　　 B. 直接人工费

C. 制造费用　　　　　　　　　　 D. 管理费用

14. 企业支付工会经费和职工教育经费用于工会活动和职工培训，应借记的科目是（　　　）。

A. 其他应收款　　　　　　　　　 B. 应付职工薪酬

C. 管理费用　　　　　　　　　　 D. 其他应付款

15. 企业生产车间发生的固定资产修理费应记入（　　　）。

A. 生产成本　　　　　　　　　　 B. 制造费用

C. 管理费用　　　　　　　　　　 D. 营业外支出

16. 销售费用、管理费用和财务费用账户的本期发生额，应于本期期末转入（　　　）账户。

A. 制造费用　　　　　　　　　　 B. 生产成本

C. 本年利润　　　　　　　　　　 D. 利润分配

17. 企业的应付款项确实无法支付，经确认后转作（　　　）。

A. 主营业务收入　　　　　　　　 B. 其他业务收入

C. 营业外收入　　　　　　　　　 D. 资本公积

18. 年终结转后，"利润分配"账户的贷方余额表示（　　　）。

A. 实现的利润　　　　　　　　　 B. 未弥补亏损

C. 未分配利润　　　　　　　　　 D. 发生的亏损

19. 法定盈余公积的计提比例为税后净利润的（　　　）。

A. 7%　　　　　 B. 5%　　　　　 C. 10%　　　　　 D. 16%

20. 企业利润分配中以下项目的分配顺序为（　　　）。

①提取任意盈余公积　　②弥补亏损

③提取法定盈余公积　　④向投资者分配利润

A. ①→②→③→④　　　　　　　　 B. ②→③→①→④

C. ③→①→②→④   D. ②→①→③→④

21. 甲企业从银行借款 10 万元归还原欠 B 公司的购货款,借款和还款手续办妥后,企业( )。

A. 资产和负债都增加了   B. 权益和资产都增加了

C. 一项负债减少,另一项负债增加   D. 负债减少,资产增加

22. 甲企业经股东大会批准后,决定将 10 万元盈余公积转增为资本金,这项业务发生后该企业( )。

A. 资产总额增加了

B. 负债总额减少了

C. 所有者权益减少,资产增加

D. 原有资产、负债、所有者权益总额均未变化

二、多项选择题

1. 下列各项中,属于负债项目的有( )。

A. 应交税费   B. 应付账款

C. 预收账款   D. 预付账款

2. 企业按月计提固定资产折旧费用时,应借记( )账户,贷记"累计折旧"账户。

A. 财务费用   B. 管理费用

C. 销售费用   D. 制造费用

3. 所有者权益包括实收资本和( )。

A. 资本公积   B. 盈余公积

C. 应付利润   D. 未分配利润

4. "生产成本"账户的借方登记( )。

A. 直接材料   B. 直接人工

C. 罚款支出   D. 分配记入的制造费用

5. 期末转入"本年利润"账户借方的账户有( )。

A. 所得税费用   B. 主营业务成本

C. 管理费用   D. 制造费用

6. 下列可通过"财务费用"账户核算的有( )。

A. 差旅费   B. 存款利息收入

C. 银行手续费   D. 罚款收入

7. 制造业利润分配的主要内容包括( )。

A. 提取职工福利费   B. 提取盈余公积

C.向投资者分配利润　　　　D.上缴所得税

8.以下项目中构成材料采购成本的有(　　)。

A.买价　　　　　　B.运杂费　　　　　　C.广告费

D.挑选整理费　　　E.进口关税

9.企业的期间费用包括(　　)。

A.制造费用　　　　B.销售费用　　　　　C.管理费用

D.财务费用　　　　E.长期待摊费用

10.制造企业以下收入中应记入其他业务收入的有(　　)。

A.销售产品　　　　B.销售材料　　　　C.固定资产盘盈

D.固定资产出租收入　E.处置固定资产净收益

11.工业企业以下各项应记入营业外支出的是(　　)。

A.罚款支出　　　　　　B.固定资产盘亏

C.租入固定资产租金　　D.非常损失

12.下列费用不能全部记入当期损益的有(　　)。

A.生产成本　　　　B.制造费用　　　　　C.销售费用

D.管理费用　　　　E.财务费用

13.以下费用中应记入销售费用的是(　　)。

A.广告费　　　　　　　　B.销售机构人员工资

C.销售机构人员差旅费　　D.销售原材料成本

14.制造企业以下税金中应记入营业税金及附加的是(　　)。

A.增值税　　　　　B.消费税　　　　　C.所得税

D.城建税　　　　　E.教育费附加

15.制造企业以下项目中应记入营业外收入的是(　　)。

A.材料销售　　　　B.固定资产出租　　C.确实无法支付的应付账款

D.接受捐赠　　　　E.处置固定资产净收入

三、判断题

1.材料采购成本中的买价是指向购买方支付的采购账款。　　　　(　　)

2.财务费用是一种期间费用,按月归集,月末全部转入"本年利润"账户。

(　　)

3.未分配利润等于"本年利润"账户的贷方余额减去"利润分配"账户的借方余额。　　　　　　　　　　　　　　　　　　　　　　　(　　)

4.增值税对企业的经营成本和损益核算没有影响。　　　　(　　)

5.企业预付下一年度保险费,应记入"管理费用"账户。　　　(　　)

6."本年利润"借方余额表示本年度累计实现净利润,贷方余额表示本年度累计发生净亏损。 （　　）

7."利润分配——未分配利润"账户的贷方余额表示本年度的未分配利润金额。 （　　）

8."累计折旧"属于资产类科目,因此累计折旧的增加额记入"累计折旧"账户的借方。 （　　）

9.漏提固定资产折旧费,会虚减当月的利润。 （　　）

10.相对于本年度实现的利润,企业对未分配利润有较大的自主使用权。 （　　）

11.当期发生的产品生产成本不能直接记入当期损益,而应在产品实际销售并确认销售收入时,再将已销售产品的生产成本记入该期损益。 （　　）

12."生产成本"账户期末没有余额。 （　　）

13.企业当年可供分配的利润包括当年实现的净利润和年初未分配利润。 （　　）

14.年度终了,"利润分配"账户所属的各明细账户中,除"未分配利润"明细账户可能有余额外,其他明细账户均无余额。 （　　）

15.利得与损失是与企业日常活动直接关联的经济利益总流入或总流出。 （　　）

四、业务练习题

练习一

目的:练习资金筹集业务的核算。

资料:赛特公司 2010 年 12 月发生下列部分经济业务:

1.1 日收到迪科公司投入资本 80 000 元,存入银行。

2.6 日从银行取得借款 60 000 元,期限 6 个月,年利率为 8%,所得款项存入银行。

3.10 日收到美美公司投入一项非专利技术,该非专利技术投资合同约定价值为 90 000 元。假设赛特公司接受该非专利技术符合国家注册资本管理的有关规定,可按合同约定作实收资本入账,合同约定的价值与公允价值相符。

4.20 日赛特公司向银行取得为期 3 年的借款 800 000 元,年利率为8.4%,所借款项已存入银行。

要求:根据上述经济业务编制有关会计分录。

练习二

目的:练习采购业务的核算。

资料：赛特公司 2010 年 12 月发生下列部分经济业务：

1.5 日购入一台不需要安装即可投入使用的生产设备，取得的增值税专用发票上注明的设备价款为 30 000 元，增值税额为 5 100 元，另支付运输费 300 元，包装费 300 元，款项以银行存款支付。

2.3 日从长风公司购入 A 材料 300 吨，单价 200 元/吨，增值税进项税额为 10 200 元。全部款项尚未支付，材料验收入库。

3.8 日以存款 30 000 元向中惠公司预付购买 B 材料的货款。

4.9 日以银行存款 70 200 元偿还前欠长风公司的货款。

5.11 日从寰宇公司购入 B 材料 50 吨，单价 120 元/吨，增值税额为 1 020 元。赛特公司开出 3 个月到期，金额为 7 020 元的银行承兑汇票一张，材料尚未运达企业。

6.12 日收到中惠公司发来的已预付货款的 B 材料 200 吨，单价 115 元/吨，增值税额为 3 910 元，材料已验收入库。

7.13 日收到中惠公司退回的货款 3 090 元。

8.15 日收到并验收入库江南公司发来的 A 材料 100 吨，单价 205 元/吨，增值税额为 3 485 元。货款部分用上月预付款 20 000 元抵付，其余款项用银行存款支付。

要求：根据上述经济业务编制有关会计分录。

练习三

目的：练习产品生产业务的核算。

资料：赛特公司 2010 年 12 月发生下列部分经济业务：

1.9 日从银行提取现金 80 000 元，备发工资及补贴。

2.9 日以现金发放职工工资 78 000 元，发放职工食堂补贴 2 000 元。

3.A、B 材料的单价分别为 201.25 元/吨、116 元/吨，31 日赛特公司本月领用材料情况，如表 3-8 所示。

表 3-8　赛特公司本月领用材料情况表

单位：吨

	A 材料	B 材料
生产甲产品	100	100
生产乙产品	200	120
车间管理	20	0
企业管理部门	0	1
合　计	320	221

4.31 日结算本月应付职工工资，其用途和金额如下：

生产甲产品工人工资	23 000 元
生产乙产品工人工资	36 000 元
车间管理人员工资	9 000 元
行政管理人员工资	10 000 元
合　计	78 000 元

5.31 日赛特公司根据历史经验数据计算公司下设的职工食堂,享受企业提供的补贴金额为 2 000 元。

6.31 日赛特公司按规定计提本月固定资产折旧 4 700 元,其中生产车间提取 4 000 元,管理部门提取 700 元。

7.31 日本月生产甲产品 100 件和乙产品 200 件全部完工并验收入库,结转本月发生的制造费用,以两种产品的产量为标准,分配制造费用。

8.根据本题以上资料计算并结转甲、乙两种完工产品的生产成本。

要求:根据上述经济业务编制有关会计分录。

练习四

目的:练习销售过程的核算。

资料:赛特公司 2010 年 12 月发生下列部分经济业务:

1.23 日向爱华公司出售甲产品 100 件,价款 90 000 元,增值税销项税额 15 300 元,以上款项均未收到。

2.24 日以银行存款支付本月产品广告费 4 900 元。

3.25 日向南洋公司出售乙产品 200 件,价款 170 000 元,增值税销项税额 28 900 元,赛特公司收到南洋公司开出的面值为 198 900 元、期限为 3 个月的银行承兑汇票一张。

4.26 日以现金支付销售产品的包装费 1 200 元,其中甲产品包装费为 500 元,乙产品包装费为 700 元。

5.27 日收到盈科公司预付乙产品购货款 200 000 元,存入银行。

6.28 日以银行存款支付银行手续费 150 元。

7.29 日销售 A 材料一批,开出的增值税专用发票上注明的售价为 3 000 元,增值税税额为 510 元,款项已由银行收妥。

8.31 日结转已销 A 材料的实际成本 2 012.50 元。

9.31 日结转本月已售产品的销售成本,其中甲产品单位成本为 604 元,乙产品单位成本为 507.60 元。

10.31 日根据本月应交增值税 26 095 元,按 7% 计算本月应缴纳的城市维护建设税,按 3% 计算本月应缴纳的教育费附加。

要求:根据上述经济业务编制有关会计分录。

练习五

目的:练习财务成果业务的核算。

资料:赛特公司 2010 年 12 月发生下列部分经济业务:

1.31 日赛特公司将无法支付的应付账款 8 000 元转作营业外收入。

2.31 日以银行存款 6 000 元捐赠给养老院。

3.31 日以银行存款支付本月产品广告费 10 000 元。

4.31 日以银行存款支付本年度法律咨询费 5 000 元。

5.31 日将本月"主营业务收入"、"主营业务成本"、"销售费用"、"管理费用"、"财务费用"等损益类账户转入"本年利润"账户。

要求:根据上述经济业务编制有关会计分录。

第四章 建 账

第一节 会计循环

    会计工作按照时间,具体可以划分为建账、日常账务处理和期末账务处理三个阶段,每一阶段都有其特定的会计工作。

    建账是指企业根据自己具体行业和经济管理的需要,设置各种账簿,并将相关账户期初余额登记入账,为日常账务处理做准备。建账主要在两种情况下进行:一是在一个会计主体设立时,根据相关规定从事生产、经营的企业应自领取营业执照之日起15日内设置账簿;二是在一个会计年度结束、新会计年度开始时,必须更换旧账簿,设置新账簿将上年的相关账簿资料结转入新账簿。

    日常账务处理是根据企业实际生产经营过程中发生的会计核算事项,采用复式记账的方法,对会计信息进行收集、整理、分类、汇总,为期末会计处理提供依据。其基本流程是:根据发生或完成的经济业务,由经办业务人员填制或取得原始凭证,待会计人员对原始凭证审核无误后,据以编制记账凭证,再采用一定的方法和程序记入总分类账、明细账和日记账。

    期末账务处理是在日常账务处理的基础上,对会计资料进一步加工整理,编制会计报表,进行期末纳税申报工作。其基本程序为:根据权责发生制,对本期的收入和费用进行调整;计算并结转存货出入库成本;根据会计分期的要求,结转损益、确认本期财务成果;在对账无误后,进行结账并根据相关账簿记录编制会计报表,进行纳税申报工作。

    在每一会计期间,日常账务处理和期末账务处理按步骤依次进行,不断循环往复,周而复始。我们把每一会计期间这一不断往复、依次进行的账务处理步骤称为会计循环。

第二节　会计账簿概述

一、会计账簿的意义

会计账簿简称账簿,是以会计凭证为依据,用来全面、系统、连续地记录和反映各项经济业务的簿籍。

任何一个组织单位发生一笔经济业务后,首先要取得或填制会计凭证,即通过各种会计凭证来反映经济业务,这是会计核算工作的基础。然而会计凭证提供的是零散和片面的信息,不便于了解组织单位在某一时期内的全部经济活动情况及会计信息的整理与报告。因此,为了取得经济管理所需的一系列会计核算资料,并为编制会计报表提供依据,就必须在会计凭证的基础上设置和登记账簿。把会计凭证上所记录的分散的、零星的会计信息,通过归类整理,将其登记到相应的账簿中,使之更加系统化。

二、会计账簿的作用

设置和登记账簿是会计核算工作方法之一,在经济管理活动中具有重要作用。

(一)系统地登记和积累会计资料

通过设置和登记会计账簿,可以将会计凭证所记录的经济业务分类、序时地记入有关账簿,反映会计主体在一定期间内所发生的各项资金运动的过程和结果,反映各项资产、负债、所有者权益的增减变化情况,为改善企业经营管理,加强经济核算,提供总括的和明细的核算。

(二)为编制各种会计报表提供数据资料

账簿通过对会计凭证所反映的大量经济业务进行序时、分类地记录和加工后,在一定时期终了,就积累了编制会计报表的资料。将这些资料进行加工整理后,就可以作为编制会计报表的主要依据。会计报表信息的真实、可靠和及时,在一定程度上与账簿的设置和记录有关。

(三)考核经营成果,进行业绩评价

根据账簿记录的结果,财会人员就可以计算出各种收入、成本、费用和利润指标,从而反映一定时期的财务成果。确定财务成果后,即可按规定的方法进行利润分配,并计算出一系列财务指标,进而可以评价企业经营状况和财务

成果的好坏,分析和评价企业的经营活动,为企业的经营决策和预测提供可靠的参考数据。

(四)保证财产物资的安全完整

通过设置和登记账簿,能够在账簿中连续反映各项财产物资的增减变动及结存情况,并通过财产清查等方法,来确定财产物资的实际结存情况。通过账簿记录可控制实存物资,保证财产物资的安全、完整。

三、会计账簿的分类

在会计账簿体系中,有各种不同功能和作用的账簿,它们各自独立,又相互补充。为了便于了解和使用,必须从不同的角度对会计账簿进行分类。

(一)按账簿的性质和用途分类

1.序时账簿

序时账簿又称日记账簿,是指根据经济业务发生时间的先后顺序逐日、逐笔进行连续登记的账簿。序时账簿按其记录经济业务的内容不同又分为普通日记账和特种日记账。用来登记全部经济业务的日记账,称为普通日记账;专门用来登记某一类经济业务的日记账,称为特种日记账,如现金日记账和银行存款日记账。

目前,我国各单位一般只设置库存现金和银行存款两类特种日记账,以加强对货币资金的监督和控制,不设置普通日记账。

2.分类账簿

分类账簿又称为分类账,是对全部经济业务进行分类登记的账簿。分类账簿按其所反映内容的详细程度不同,又分为总分类账簿和明细分类账簿。

(1)总分类账簿,简称总账,是指根据总分类科目(一级会计科目)开设的,用以分类记录全部经济业务,提供总括核算资料的分类账簿。它对明细分类账簿起统驭和控制作用。

(2)明细分类账簿,简称明细账,是指根据总分类账所属的二级或明细科目设置的,详细记录某一类经济业务,提供比较详细的核算资料的分类账簿。明细分类账簿对总分类账簿起辅助和补充的作用。

3.备查账簿

备查账簿又称辅助账簿,是对某些未能在序时账和分类账等主要账簿中登记的经济业务进行补充登记的账簿。备查账簿主要是为某些经济业务的经营决策提供一些必要的参考资料,如租入固定资产登记簿、应收票据备查簿、代管商品物资登记簿、受托加工物资登记簿等。这种账簿属于备查性质的辅助账簿，与其他账簿之间不存在严密的依存、勾稽关系。

序时账簿、分类账簿和备查账簿的作用是不同的。序时账簿能提供连续、系统的信息，反映企业资金运动的全貌。分类账簿则是按经营与决策的需要而设置账户，归集并汇总各类信息，反映资金运动的各种状态、形式及构成。在账簿组织中，分类账簿占有特别重要地位。因为只有通过分类账簿，才能把数据按账户形成不同信息，以满足编制会计报表的需要。

备查账簿与序时账簿、分类账簿相比，存在两点不同之处：一是登记账簿可能不需要记账凭证，甚至不需要一般意义上的原始凭证；二是账簿的格式和登记方法不同，备查账簿的主要栏目不记录金额，它更注重用文字表述某项经济业务的发生情况。

（二）按账簿外表形式分类

按账簿的外表形式分，可将账簿分为订本式账簿、活页式账簿和卡片式账簿三种。

1. 订本式账簿

订本式账簿，又称订本账，是在账簿启用之前，就把按一定顺序编号的、具有专门格式的账页固定装订成册的账簿。它的优点是可以避免账页散失，防止任意抽换账页。其缺点是在使用时，必须为每一账户预留账页，这样可能会出现某些账户预留账页不足，影响账户的连续登记，不便查阅；而有些账户预留账页过多，造成浪费的情况。采用订本式账簿，在同一时间里，只有一人负责登记，不便于分工。一般情况下，一些重要的、具有统驭作用的账簿，如库存现金、银行存款日记账、总分类账等，都采用订本式账簿。

2. 活页式账簿

活页式账簿，又称活页账，是把若干具有专门格式、零散的账页，根据业务需要自行组合而成，并装在活页夹内的账簿。它的优点是账页不固定装订在一起，财会人员可根据业务的需要随时加入、抽出或移动账页，可以避免浪费，使用起来灵活，而且可以分工记账，有利于提高工作效率。其缺点是由于账页是分开的，账页容易散失或被任意抽换。因此，使用时应将账页顺序编号，置于账夹内，并在账页上由有关人员签名或盖章，以防止产生一些舞弊行为。在年度终了更换新账后，应将使用过的账页装订成册，作为会计档案妥善保管。一般情况下，一些明细账采用活页账的形式。

3. 卡片式账簿

卡片式账簿也称卡片账，是由若干张分散的、具有专门格式的、存放在卡片箱中的卡片组成的账簿。卡片式账簿具有活页式账簿的优点，便于随时查阅和归类整理，不容易损坏，但也容易出现账页散失或被任意抽换的问题。因此，在使用时，需要将卡片式账页连续编号，并在卡片上由有关人员签名或盖章，放在卡片箱内，由专人保管。更换新账后，需要将使用过的卡片封扎起来，作为会计档案妥善保管。这种账簿主要适用于内容比较复杂、变化不大的财产明细账，如固定资产卡片、低值易耗品卡片等。

（三）按账簿账页格式分类

会计账簿按账页格式分类，分为三栏式账簿、数量金额式账簿和多栏式账簿等。

1. 三栏式账簿

三栏式账簿，是由设有借方、贷方和余额三个金额栏的账页组成的账簿。这种账簿格式适用于总分类账、库存现金和银行存款日记账，以及只需进行金额核算的明细分类账户。

2. 数量金额式账簿

数量金额式账簿，是由在借方、贷方和余额三栏内，分别设置数量、单价和金额栏目的账页组成的账簿。这种账簿适用于既要进行货币量核算，又要进行实物数量核算的明细分类账户，如"原材料"、"库存商品"等各类存货的明细分类账。它能提供各种财产物资的收入、发出和结存的数量及金额，便于加强对财产物资的实物管理，保障财产物资的安全完整。

3 多栏式账簿

多栏式账簿，是由在借方、贷方或借贷双方下设若干专栏的账页组成的账簿。多栏式账页可以根据账户的内容和管理的需要，通过下设专栏的方式，集中反映有关明细项目的核算情况。多栏式账簿又可分为事先印制好栏目的专用多栏账，如"材料采购明细账"、"生产成本明细账"、"应交增值税明细账"等；以及事先未印制栏目，由单位在使用中根据需要自行设置栏目的普通多栏账，一般用于明细项目多、借贷方向单一的成本、收入和费用等账户，如"管理费用明细账"、"销售费用明细账"、"主营业务收入明细账"等。

以上各种账簿各有优缺点，企业可根据实际需要选择使用。在会计实务中，一般比较重要的总账、库存现金日记账和银行存款日记账采用订本式账簿；固定资产、低值易耗品等明细账可采用卡片式账簿；而其他明细账一般采用活页式账簿。账簿分类如图 4-1 所示。

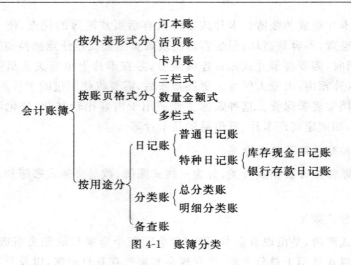

图 4-1　账簿分类

第三节　账簿设置

　　账簿设置是指根据企业所处行业要求和经济管理的需要,确定需开设账簿的种类、外表形式、账页格式,以及规定账簿的登记方法,并将初始账务资料登入有关账簿,为日常账务的处理做好准备。

一、账簿设置的原则

(一)设置账簿的原则

　　各单位设置账簿要按照会计核算的基本要求和会计规范的有关规定,根据本单位经济业务的特点,经营管理上的需要而设置。其设置的基本原则包括以下几点:

　　(1)账簿的设置必须保证能够正确、及时、完整地反映经济活动情况,为经济管理提供系统、分类的核算资料,便于随时取得经营管理中所要考核的各项指标。

　　(2)要科学划分账簿的核算范围及层次,账簿之间既要互相联系,能清晰地反映账户间的对应关系,也要防止相互重叠,避免重复记账。

　　(3)账簿的设置应从本单位的实际业务情况出发,既要有利于会计分工、协作,又要有利于加强岗位责任制。

　　(4)账簿的设置在保证会计记录系统、完整的前提下,力求简便、实用、避免繁琐、复杂,以节约人力和物力,提高工作效率。

(二)账簿的基本内容

由于企业经营管理的要求不同,所设置的账簿不同,各种账簿所登记的经济业务也不同,其形式也是多种多样的,但所有账簿一般应具备以下基本内容:

(1)封面。封面上写明账簿记账单位的名称。

(2)扉页。扉页上写明启用和截止的日期、页数、册次、经管账簿人员一览表及签章、会计主管签章、账户目录等。其一般格式如表 4-1、表 4-2 所示。

(3)账页。账页的基本内容包括:①账户的名称(一级科目、二级或明细科目);②记账日期;③凭证种类和号数栏;④摘要栏;⑤金额栏;⑥总页数和分户数等。

表 4-1　账簿启用及经管人员一览表

单位名称			
账簿名称			鉴
账簿编号			
账簿页数			
启用日期			

责任人	主　管	会　计	记　账	审　核

经管人员及交接期		经管　年　月　日		
		交出　年　月　日		
		经管　年　月　日		
		交出　年　月　日		
		经管　年　月　日		
		交出　年　月　日		
		经管　年　月　日		
		交出　年　月　日		
备　注				

表 4-2　科目索引

页　数	科　目	页　数	科　目	页　数	科　目	页　数	科　目

（三）账簿的启用

在启用新账时，应在账簿的有关位置记录以下相关信息。

（1）设置账簿的封面与封底。除订本账不另设封面外，各活页账都应设置封面和封底，并写明单位名称、账簿名称和所属会计年度。

（2）填写账簿启用及经管人员一览表。在启用新会计账簿时，应首先填写在扉页上印制的"账簿启用和交接登记表"中的启用说明，其中包括单位名称、账簿名称、账簿编号、起止日期、单位负责人、主管会计、审核人员和记账人员等项目，并加盖单位公章。在会计人员发生变更时，应办理交接手续并填写"账簿启用和交接登记表"中的交接说明。

（3）填写账户目录。总账应按照会计科目的编号顺序填写科目名称及启用页码。在启用活页式明细分类账时，应按照所属会计科目填写科目名称和页码，在年度结账后，撤去空白页，填写使用页码。

（4）粘贴印花税票。印花税票应粘贴在账簿的右下角"印花粘贴处"，并且画线注销。在使用缴款书缴纳印花税时，应在右下角"印花粘贴处"注明"印花税已缴"及缴款金额。

（5）分类账应填写科目索引。

二、日记账的设置

日记账分为普通日记账和特种日记账。目前，我国各单位一般只设置库存现金和银行存款两本特种日记账，以加强对货币资金的监督和控制，不设置普通日记账。

（一）库存现金日记账

库存现金日记账是顺序登记库存现金收、付业务的日记账。通过库存现金日记账的记录，能全面了解库存现金的增减变动是否符合国家有关现金管理的规定。库存现金日记账一般采用"订本式"、"三栏式"账页格式。

库存现金日记账按现金的币种分别开设账户，每一账户要预留账页。对于有期初余额的"库存现金"账户，根据相关资料在账户中登记期初余额，如表4-3 所示。

表 4-3　库存现金日记账

×年		凭证字号	摘要	对应科目	借方										贷方										余额										√
月	日				亿	千	百	十	万	千	百	十	元	角	分	亿	千	百	十	万	千	百	十	元	角	分	亿	千	百	十	万	千	百	十	元	角	分	
12	1		期初余额																										3	1	2	0	0	0	0	

（二）银行存款日记账

银行存款日记账是用来序时反映企业银行存款的增加、减少和结存情况的账簿。银行存款日记账的格式一般采用"订本式"、"三栏式"账页格式,但也可以采用多栏式。

银行存款日记账按单位在银行开立的账户和币种开设账户,每一账户要预留账页。对于有期初余额的"银行存款"账户,根据相关资料在账户中登记期初余额,如表 4-4 所示。

表 4-4　银行存款日记账

×年		凭证字号	银行凭证	摘要	对应科目	借方										贷方										借或贷	余额										√
月	日					亿	千	百	十	万	千	百	十	元	角	分	亿	千	百	十	万	千	百	十	元	角	分	亿	千	百	十	万	千	百	十	元	角	分	
12	1			期初余额																								借		3	0	3	2	1	0	0	0	

三、分类账的设置

（一）总分类账的设置

总分类账简称总账,它是按照总分类账账户分类登记全部经济业务的账簿。在总分类账中,应按照会计科目的编码顺序分别开设账户,并为每个账户预留若干账页。由于总分类账能够全面、总括地反映和记录经济活动情况,并为编制会计报表提供总括资料。因此,任何单位都要设置总分类账。

　　总分类账采用订本式,由于只要求提供金额指标,所以总分类账账页的格式一般设借方、贷方、余额三个主要栏目且只登记余额,不登记不数量。其格式如表 4-5 所示。

表 4-5　总分类账

会计科目及编号:<u>库存现金</u>

×年		凭证字号	摘　要	对应科目	借　方										贷　方										余　额										✓
月	日				亿	千	百	十	万	千	百	十	元	角	分	亿	千	百	十	万	千	百	十	元	角	分	亿	千	百	十	万	千	百	十	元	角	分	
12	1		期初余额																											2	1	2	0	0	0		

　　对于有期初余额的总账户,根据相关资料登记账户记录。在该账户账页的第一行日期栏中填入期初的日期、在摘要栏填入"期初余额"(年度更换新账簿时填入"上年结转")、在借贷方向栏标明余额的方向、在余额栏填入账户的期初余额。对于没有余额的总账账户,无须特别标志其余额为零。

　　(二)明细分类账的设置

　　明细分类账简称明细账,它是分类登记某一类经济业务详细情况的账簿,是总分类账的明细记录。根据实际需要,各种明细账分别按二级科目或明细科目开设账户,并为每个账户预留若干账页,用来分类、连续记录有关资产、负债、所有者权益、收入、费用、利润等详细资料。设置和运用明细分类账,有利于加强资金的管理和使用,并可为编制会计报表提供必要的资料,因此,各单位在设置总分类账的基础上,还要根据经营管理的需要,按照总账科目设置若干必要的明细账,以形成既能提供经济活动总括情况,又能提供具体详细情况的账簿体系。

　　明细分类账根据其所记录内容的性质和管理的要求不同,有的只需反映金额的变化情况及其结果,有的则除了要反映金额的变化情况及其结果以外,还需要反映实物数量的变化情况及其结果。与此相适应,明细分类账的格式也就有所不同,主要有"三栏式"、"数量金额式"和"多栏式"。

　　1.三栏式明细分类账的设置

　　三栏式明细分类账设置"借方"、"贷方"和"余额"三个栏目,分别用来登记金额的增加、减少和结余,不设数量栏。其格式如表 4-6 所示。

表 4-6　应收账款明细账

×年		凭证字号	摘要	借方										贷方										借或贷	余额									
月	日			亿	千	百	十	万	千	百	十	元	角	分	亿	千	百	十	万	千	百	十	元	角	分		亿	千	百	十	万	千	百	十	元	角	分
12	1		期初余额																							借			2	2	5	5	0	0	0	0

第×页

对于有期初余额的明细账,根据相关资料,在账户中登记期初余额。

这种格式的明细账适用于需要登记金额不进行数量核算的科目,如"应收账款"、"应付账款"、"其他应收款"、"长期待摊费用"、"实收资本"等账户。

2.数量金额式明细分类账的设置

数量金额式明细账是对具有实物形态的财产物资进行明细分类核算的账簿。该账簿账页在"收入"、"发出"、"结余"栏内,分设"数量"、"单价"、"金额"三个栏次。这种账簿适用于既需要核算金额又需要核算数量的各种财产物资科目,如"原材料明细分类账"、"库存商品明细分类账"、"包装物明细分类账"。其具体格式如表 4-7 所示。

表 4-7　库存商品明细账

×年		凭证字号	摘要	收入		金额									发出		金额									结存		金额									√
月	日			数量	单价	千	百	十	万	千	百	十	元	角	分	数量	单价	千	百	十	万	千	百	十	元	角	分	数量	单价	千	百	十	万	千	百	十	元	角	分
12	1		期初结存																								2000	150		3	0	0	0	0	0	0	0	

对于期初余额的明细账,根据相关资料,有账户中登记期初余额。

3.多栏式明细分类账的设置

多栏式明细分类账是根据企业经济业务和经营管理的需要,以及业务的性质、特点,在一张账页内设若干专栏,集中反映某一总账的各明细核算的详细资料。这种格式适用于成本费用、收入、利润科目,如"管理费用"、"生产成本"、"制造费用"、"主营业务收入"等科目。其格式如表4-8所示。

表 4-8　生产成本明细账

产品名称　甲产品　　　　　规格型号　XB-BO-2　　　　　计量单位　只

×年		凭证字号	摘要	合计												成本项目																							
																直接材料									直接人工									制造费用					
月	日			亿	千	百	十	万	千	百	十	元	角	分		百	十	万	千	百	十	元	角	分	百	十	万	千	百	十	元	角	分	百	十	万	千	百	十
12	1		期初余额					1	1	2	0	0	0	0				6	0	0	0	0	0				3	0	0	0	0	0			3	2	0	0

对于期初余额有明细账,根据相关资料,在账户中登记期初余额。

并不是所有的总分类账户都需要设置明细分类账户,企业可以根据实际需要决定明细分类账户的设置,以及所采用的账页格式。一般来说,企业明细账账页格式如表4-9所示。

表 4-9　企业明细账账页格式

总账科目	明细分类账账页格式	总账科目	明细分类账账页格式
库存现金	日记账(三栏式)	其他应付款	三栏式
银行存款	日记账(三栏式)	长期借款	三栏式
其他货币资金	三栏式	实收资本	三栏式
应收票据	三栏式	资本公积	三栏式
应收账款	三栏式	盈余公积	三栏式
其他应收款	三栏式	本年利润	不设明细账
材料采购	专用多栏式(平行登记)	利润分配	三栏式
原材料	数量金额式	生产成本	专用多栏式
库存商品	数量金额式	制造费用	普通多栏式
长期待摊费用	三栏式	主营业务收入	普通多栏式
固定资产	卡片	其他业务收入	普通多栏式
累计折旧	不设明细账	营业外收入	普通多栏式
短期借款	三栏式	主营业务成本	普通多栏式
应付票据	三栏式	其他业务成本	普通多栏式
应付账款	三栏式	营业税金及附加	普通多栏式
其他应付款	三栏式	销售费用	普通多栏式
应付职工薪酬	三栏式	管理费用	普通多栏式
应交税费	应交增值税为专用多栏式 其他明细账户为三栏式	财务费用	普通多栏式
应付利息	三栏式	营业外支出	普通多栏式
应付股利	三栏式	所得税费用	不设明细账

　　注:在存货核算采用计划成本时,需要设置材料采购账户,其明细账采用专用的多栏式账页,用以归集存货的实际采购成本,结转入库材料计划成本,以及实际成本与计划成

本的差异。而在本书中设置材料采购账户的目的,是为了说明材料实际成本的归集方法,因此,对材料采购明细账采用三栏式账页格式。

课后练习

一、单项选择题

1. 为了保证账簿记录的正确性,记账时必须根据审核无误的(　　)。
   A. 会计分录　　　　　　B. 会计凭证
   C. 经济合同　　　　　　D. 领导批示
2. 租入固定资产登记簿属于(　　)。
   A. 序时账　　　　　　　B. 总分类账
   C. 明细分类账　　　　　D. 备查簿
3. 数量金额式明细账一般适用于(　　)。
   A. "应收账款"账户　　　B. "库存商品"账户
   C. "制造费用"账户　　　D. "固定资产"账户
4. "应收账款"明细账的格式一般采用(　　)。
   A. 数量金额式　　　　　B. 多栏式
   C. 订本账　　　　　　　D. 三栏式
5. 企业在选购账簿时,总账和现金日记账,银行存款日记账适合选用(　　)。
   A. 卡片账　　　　　　　B. 活页账
   C. 订本式　　　　　　　D. 备查账
6. 多栏式明细账格式一般适用于(　　)。
   A. 债权债务类账户　　　　　B. 财产物资类账户
   C. 费用成本类和收入成果类账户　D. 货币资产类账户
7. 活页式账簿一般用于(　　)。
   A. 日记账　　　　　　　B. 总分类账
   C. 明细分类账　　　　　D. 备查簿
8. 按账簿的外观形式,固定资产明细账应采用(　　)。
   A. 活页式账簿　　　　　B. 卡片式账簿
   C. 序时账簿　　　　　　D. 分类账簿

二、多项选择题

1. 账簿按其用途可以分为（　　）。
    A. 分类账簿　　　　B. 活页账簿　　　　C. 序时账簿
    D. 订本账簿　　　　E. 备查账簿
2. 下列应采用多栏式明细账的有（　　）。
    A. 原材料　　　　　B. 生产成本　　　　C. 管理费用
    D. 材料采购　　　　E. 应付账款
3. 会计账簿的基本内容包括（　　）。
    A. 封面　　　　　　B. 扉页
    C. 账页　　　　　　D. 账簿名称
4. 下列属于序时账的是（　　）。
    A. 现金日记账　　　B. 银行存款日记账
    C. 应收账款明细账　D. 主营业务收入明细账
5. 账簿按外表形式分类，可以分为（　　）。
    A. 订本式账簿　　　B. 三栏式账簿
    C. 卡片式账簿　　　D. 活页式账簿
6. 数量金额式明细账主要适用于（　　）。
    A. "库存商品"明细账　B. "制造费用"明细账
    C. "应付账簿"明细账　D. "原材料"明细账

三、判断题

1. 序时账也称日记账，它是按经济业务发生或完成时间的先后顺序逐日、逐笔登记经济业务的账簿。　　　　　　　　　　　　　　　　　（　　）
2. 分类账是对各项经济业务按账户进行分类登记的账簿。　　（　　）
3. 分类账包括总分类账和明细分类账。　　　　　　　　　　（　　）
4. 库存现金、银行存款日记账应采用订本式账簿。　　　　　（　　）
5. 备查簿是一种非正式的账簿，用于记载总分类账和明细分类账中未能登记或记载不全的事项，以备查考。　　　　　　　　　　　　　　（　　）
6. 卡片式账簿的本质是一种活页账，因此，它除了具有活页账的优、缺点外，还可以跨年度使用，不需每年更换。　　　　　　　　　　　　（　　）
7. 除总分类账、库存现金、银行存款日记账外，其他账簿一律采用活页式账簿。　　　　　　　　　　　　　　　　　　　　　　　　　　（　　）
8. 序时账簿就是库存现金和银行存款日记账。　　　　　　　（　　）

9.企业在年末时应更换新的会计账簿,但对尚未用完的订本式账簿可以继续使用至用完再进行更换。   （   ）

10.订本式账簿虽能防止账页散失和非法抽换较为安全,但不利于分工记账,不能根据需要增减账页,需为每一账户事先预留账页。   （   ）

11.并不是所有的总分类账户都需要设置明细分类账。   （   ）

12.多栏式明细分类账一般将该账户登记增加的一方设为多栏方向。
                                                    （   ）

第五章　日常业务处理——会计凭证

第一节　会计凭证概述

一、会计凭证的概念

会计凭证是记录经济业务的发生或完成情况，明确经济责任，并作为记账依据的书面证明。《企业会计准则》明确规定：会计核算应当以实际发生的交易或者事项为依据进行会计确认、计量和报告，如实反映符合确认和计量要求的各项会计要素及其他相关信息，保证会计信息真实可靠、内容完整。填制和审核会计凭证是进行会计核算的一种专门方法，也是会计核算的基本工作。

企业在处理任何一项经济业务时，都必须及时取得或填制真实准确的书面证明。通过书面形式明确记载经济业务发生或完成时的时间、内容，涉及的有关单位和经办人员的签章，以此来保证账簿记录的真实性和正确性，并确定对此所承担的法律上和经济上的责任。

二、会计凭证的作用

合法地取得、正确地填制和审核会计凭证，可以保障会计信息的真实、完整，对于完成会计工作任务，加强经济管理具有重要作用。

（1）填制会计凭证，可以为登记账簿提供依据。会计凭证是登记账簿的直接依据。能否正确填制和审核会计凭证，直接关系到账簿记录的真实性、可靠性。

（2）审核会计凭证，可以监督、检查企业发生的经济活动。会计人员在入账之前，必须严格、认真地对会计凭证进行逐项地审查、核对，检查经济业务内容以及填制手续是否符合国家法律、法令的有关规定，是否在预算、计划的开列范围之内，有无违背财经纪律的内容。通过检查还可以及时发现企业在资金、人员等管理上存在的问题，便于采取有效措施，堵塞漏洞，严肃财经纪律、法规，保证资本的完整和有效利用，使企业的经济活动按正常秩序进行。

　　（3）填制和审核会计凭证，可以明确企业内部的经济责任。企业每发生一项经济业务均须由经办部门和人员按一定程序取得或填制会计凭证，并按照规定手续，严格认真地在会计凭证上进行签章，表明其应承担的法律责任和经济责任。促使经办部门和有关人员加强法律意识，照章办事，确保经济业务的记载真实可靠、准确无误；促使企业提高管理水平，加强内部控制、提高工作效率；便于分清责任，防止弄虚作假，避免可能给企业造成的损失。

三、会计凭证的种类

　　会计凭证按其编制程度和用途的不同，将其划分为原始凭证和记账凭证两类。

（一）原始凭证

　　原始凭证是企业在经济业务发生或完成时取得或填制的，用于记录或证明经济业务的发生或完成情况的书面凭据。原始凭证在企业的经济活动中起着重要的作用。通过原始凭证证明经济业务的真实性、正确性，监督经济活动的合法性、合规性，反映资金的循环周转，并依此确定经办业务的部门和人员的法律、经济责任，为进一步的会计核算提供原始资料。

　　原始凭证可以按不同的标准分为不同的类别。

1. 按来源不同分类

　　原始凭证按其来源不同，可以分为自制原始凭证和外来原始凭证两种。

　　（1）自制原始凭证。即由本单位经办业务的部门和人员在执行或完成某项经济业务时填制的凭证。例如，采购员出差前借款时填写的借款单（见表5-1）、仓库保管人员在验收材料入库时填制的"收料单"（见表5-2）等。

　　（2）外来原始凭证。即在同外单位或个人发生经济业务往来关系时，从对方取得的原始凭证。例如，购入材料时取得的增值税专用发票（见表5-3）、购买办公用品时取得的普通发票（见表5-4）等。

表 5-1　借款单

2010 年 6 月 18 日

部　门	供应科		姓　名	李　米
借款事由	出差			
借款金额	（大写）⊗ 拾⊗ 万 贰 仟 伍 佰 零 拾 零 元			
预计还款报销日期	2010 年 6 月 30 日		￥2 500.00	
审批意见	同意　　　　　　　　　田 丽		借款人签收	李　米　　　　2010 年 6 月 18 日

会计主管:李峰　　　　　　　　　　　　　　　　　　　出纳:林琳

表 5-2　收料单

供货单位:北京科汇有限公司

发票号码:00066338　　　　　2010 年 6 月 28 日　　　　　收货仓库:1 号仓

材料类别	名称及规格	计量单位	数量		实际成本		计划单价	金　额	差　异
			应收	实收	单价	金额			
甲材料		千克	1 000	1 000	200	200 000	200	200 000	
合　计			1 000	1 000	200	200 000	200	200 000	

质量检验:黄鸣　　　　　　　收料:梁科　　　　　　　　　制单:马跃

表 5-3　河南增值税专用发票　　　No　01731455

4100083140　　　　　　　　　发票联　　　　开票日期：　年　月　日

购货单位	名称： 纳税人识别号： 地址、电话： 开户银行及账号：	密码区	9＜6＞78＋3＊＜＋85778＋3−49　加密版本号：01 /−/−＜41＜＜−25/989/3224　4100083140 9＋−3285/7/313＊535−902　　01731455 46383＋88/65＞5＊13＞＞26

货物或 应税劳务名称	规格 型号	单 位	数 量	单 价	金　额									税 率	税　额								
					百	十	万	千	百	十	元	角	分		百	十	万	千	百	十	元	角	分
合　计																							

价税合计（大写）		（小写）¥

销货单位	名称： 纳税人识别号： 地址、电话： 开户银行及账号：	备　注

收款人：　　　　　　　复核：　　　　　开票人：　　　　　销货单位（章）：

第三联：记账联　销货方记账凭证

表 5-4　普通发票

No.57668　　　　　　　　　　　　税务登记号：＿＿＿＿＿

客户名称：＿＿＿＿＿　　　　　　开票日期：　年　月　日

品　名	规　格	单　位	数　量	单　价	金　额								备 注
					十	万	千	百	十	元	角	分	
合　计													
人民币 （大写）													

开票人（签章）：　　　　　收款人（签章）：　　　　　发货人（签章）：

2.按填制手续不同分类

原始凭证按其填制手续的不同,可以分为一次凭证、累计凭证、汇总原始凭证三种。

（1）一次凭证。即只反映一项经济业务，或者同时反映若干项同类性质的经济业务，其填制手续是一次完成的会计凭证。外来凭证都是一次凭证。例如，单位材料验收入库时，由仓库保管员填制的"收料单"（见表5-5）、生产车间与班组向材料仓库领用材料时填制的"领料单"（见表5-6）等。

表 5-5　收料单

供货单位：华北公司　　　　　　　　　　　　　　　　凭证编号：1256
发票编号：0020　　　　　　　2010 年 1 月 3 日　　　　收料仓库：2 号库

材料 类别	材料 编号	材料名称 及规格	计量 单位	数　量		金额（元）		
				应　收	实　收	买　价	运杂费	合　计
圆　钢	023	16 mm	kg	1 000	1 000	5.00	500	5 500
备　注						合　计		

主　管：　　　　会　计：　　　　审　核：　　　　记　账：　　　　收　料：

表 5-6　领料单

领料单位：一车间　　　　　　　　　　　　　　　　　凭证编号：2368
用　　途：制造甲产品　　　　　2010 年 1 月 5 日　　发料仓库：2 号库

材料 类别	材料 编号	材料名称 及规格	计量 单位	数　量		单　价	金额（元）
				请　领	实　发		
圆　钢	023	16 mm	kg	1 000	1 000	5.50	5 500
备　注						合　计	5500

主管（签章）：　　　记账（签章）：　　　发料人（签章）：　　　领料人（签章）：

（2）累计凭证。即在一定时期内连续记录不断重复发生的若干项同类经济业务的会计凭证。其填制手续是随着经济业务发生而分次进行，到期末按其累计数作为记账依据的原始凭证，如制造企业用的限额领料单即为自制的累计凭证（见表5-7）。

表 5-7　**限额领单**

编号:1237

领料单位:一车间　　　　　　用途:甲产品　　　　　计划产量:5 000 台
材料编号:211358　　　　　　名称规格:20 mm 角钢　　　计量单位:kg
单价:8.00 元　　　　　　　　消耗定量:1 kg/台　　　　领用限额:40 000 元

2010 年		请领		实发					
月	日	数量	领料单位负责人	数量	累计	发料人	领料人	限额结余	
8	5	500	张 枫	500	500	李 洁	陆 深	36 000	
8	9	300	张 枫	300	800	李 洁	陆 深	33 600	
…	…	…	…	…	…	…	…	…	
…	…	…	…	…	…	…	…	…	
…	…	…	…	…	…	…	…	…	
…	…	…	…	…	…	…	…	…	

累计实发金额:　　　　　　　　　　　供应生产部门负责人(签章):
生产计划部门负责人(签章):　　　　　仓库负责人(签章):

　　(3)汇总原始凭证。即在会计核算中,为简化记账凭证的编制工作,将一定时期内若干记录同类经济业务的原始凭证汇总编制一张汇总凭证,用以集中反映某项经济业务总括发生情况的会计凭证。例如,"发出材料汇总表"(见表 5-8)、"收料凭证汇总表"、"工资结算汇总表"等都是汇总原始凭证。

表 5-8　**发出材料汇总表**

2010 年 7 月 31 日　　　　　　单位:元

领料部门或用途	A 材料		B 材料		C 材料		合计
	数量	金额	数量	金额	数量	金额	
一车间	10 吨	10 000			3 吨	15 000	25 000
二车间	4 吨	4 000	8 吨	24 000			28 000
辅助车间					1 吨	5 000	5 000
合计	14 吨	14 000	8 吨	24 000	4 吨	20 000	58 000

会计主管:　　　　记账:　　　　出纳:　　　　审核:　　　　制证:

　　外来凭证都是一次凭证。例如,企业购买材料时从供货单位取得的发票,各种车、船、机票、住宿票,以及银行收款通知、付款通知(也称回单)等,都属于外来原始凭证。

　　需要指出的是,上述原始凭证都是用来证明经济业务已执行或完成,因此可以作为会计核算的原始依据。但凡是不能证明业务已执行或完成的书面文件,如购货合同、费用预算、派工单、请购单等,不属于原始凭证,不能作为记账的原始依据。

上述原始凭证的分类可以归纳如下,如图 5-1 所示。

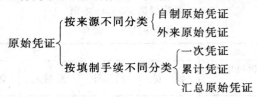

图 5-1　原始凭证分类

(二)记账凭证

记账凭证是指会计人员根据审核无误的原始凭证或原始凭证汇总表填制的,用来确定经济业务应借、应贷会计科目及其金额(会计分录)的,作为登记账簿直接依据的一种会计凭证。

原始凭证由于数量庞大,种类繁多,格式不一,不能清楚地反映会计科目的名称和方向。因此在登记账簿之前,需要根据原始凭证反映的不同经济内容加以归类和整理,编制具有统一格式的记账凭证,并将原始凭证附在记账凭证的背后。这样不仅可以简化记账工作,减少出错,而且有利于原始凭证的保管,便于对账和查账,提高会计工作质量。

为了便于凭证管理,可以对记账凭证作如下分类。

1. 按适用经济业务分类

记账凭证按适用经济业务分类,可分为专用记账凭证和通用记账凭证两种。

(1)专用记账凭证。即专门用于记录某一类经济业务的记账凭证。专用记账凭证,按其所记录的经济业务是否与库存现金和银行存款的收付有关,又可分为收款凭证、付款凭证和转账凭证三种。

①收款凭证。它是用来记录库存现金和银行存款的货币资金收款业务的记账凭证,是根据库存现金和银行存款收款业务的原始凭证填制的。收款凭证又可分为现金收款凭证和银行收款凭证。其格式如表 5-9 所示。

表 5-9 收款凭证

2010 年 6 月 26 日 现收字第 19 号

借方账户:库存现金 附件:1 张

摘 要	贷方账户		金 额	记 账
	一级账户	明细账户		
收到李米还款	其他应收款	李米	5 000.00	√
合 计			￥5 000.00	

财务主管: 记账: 出纳: 审核: 制单:

②付款凭证。它是用来记录库存现金和银行存款等货币资金付款业务的记账凭证,是根据库存现金和银行存款付款业务的原始凭证填制的。付款凭证又可分为现金付款凭证和银行付款凭证。其格式如表 5-10 所示。

表 5-10 付款凭证

2010 年 6 月 28 日 银付字第 32 号

贷方账户:银行存款 附件:1 张

摘 要	借方账户		金 额	记 账
	一级账户	明细账户		
偿还 N 公司货款	应付账款	N 公司	2 000.00	√
合 计			￥2 000.00	

财务主管: 记账: 出纳: 审核: 制单:

收款凭证和付款凭证是用来记录货币资金收付业务的凭证,既是登记库存现金日记账、银行存款日记账、明细分类账及总账的依据,也是出纳人员收付款项的依据。出纳人员不能依据库存现金、银行存款收付业务的原始凭证收付款项,而必须根据会计主管人员或指定人员审核批准的收款凭证和付款凭证收付款项,以加强对货币资金的管理,有效地监督货币资金的使用。

③转账凭证。它是用来记录与库存现金和银行存款等货币资金收付业务无关的转账业务的凭证,是根据有关转账业务的原始凭证填制的。转账凭证

是登记总分类账及有关明细分类账的依据。其格式如表 5-11 所示。

表 5-11　转账凭证

2010 年 6 月 5 日　　　　　　　　　　　　　　　转字第 1 号

附件：1 张

摘　要	一级账户	明细账户	借方金额	贷方金额	记账
生产甲产品领用 A 材料	生产成本	甲产品	2 000.00		√
材料	原材料	A 材料		2 000.00	√
合　计			￥2 000.00	￥2 000.00	

财务主管：　　　　　记账：　　　　　审核：　　　　　制单：

（2）通用记账凭证。即不分收款、付款、转账业务，而是全部业务均采用统一格式的一种记账凭证。其格式如表 5-12 所示。在经济业务比较简单的经济单位，可以使用通用记账凭证。

表 5-12　记账凭证

2010 年 6 月 8 日　　　　　　　　　　　　　　　记字第 11 号

附件：1 张

摘　要	一级账户	明细账户	借方金额	贷方金额	记　账
销售产品	银行存款		23 400.00		√
	主营业务收入	A 产品		20 000.00	√
	应交税费	应交增值税 （销项税额）		3 400.00	√
合　计			￥23 400.00	￥23 400.00	

财务主管：　　　　　记账：　　　　　审核：　　　　　制单：

2. 按包括会计科目是否单一分类

记账凭证按包括会计科目是否单一分类，可分为复式记账凭证和单式记账凭证。

（1）复式记账凭证。即把一项经济业务所涉及的账户，集中填列在一张记账凭证上。其优点是：可以集中反映某项经济业务所涉及账户的对应关系，因而便于了解经济业务的全貌,了解资金的来龙去脉,便于查账,同时可以减少填制记账凭证的工作量,减少记账凭证的数量。其缺点是:不便于汇总计算每个会计科目的发生额,不便于分工记账。上述收款凭证、付款凭证、转账凭证和通用凭证都是复式记账凭证。

(2)单式记账凭证。即把某项经济业务所涉及的每个会计科目分别填制记账凭证,每张记账凭证上只填列一个会计科目。其对方科目只供参考,不凭其记账。这样,一笔经济业务涉及几个对应会计科目,就得有几张会计凭证,借方科目填制借项记账凭证,贷方科目填制贷项记账凭证。单式记账凭证便于汇总计算每一个会计科目的发生额,便于分工记账。但是填制记账凭证的工作量变大,而且出现差错不易查找。其格式如表 5-13、表 5-14 所示。

表 5-13　借项记账凭证

2010 年 6 月 18 日

编号:10 $\frac{1}{2}$

对应账户:原材料　　　　　　　　　　　　　　　　　　　附件:1 张

摘　要	一级账户	明细账户	金　额	记　账
生产领用 A 材料	生产成本	I 型产品	2 000.00	√
			￥2 000.00	

会计主管:　　　　记账:　　　　复核:　　　　出纳:　　　　制证:

表 5-14　贷项记账凭证

2010 年 6 月 18 日

编号:10 $\frac{2}{2}$

对应账户:生产成本　　　　　　　　　　　　　　　　　　附件:1 张

摘　要	一级账户	明细账户	金　额	记　账
生产甲产品领用 A 材料	原材料	A 材料	2 000.00	√
			￥2 000.00	

会计主管:　　　　记账:　　　　复核:　　　　出纳:　　　　制证:

3.按是否经过汇总分类

记账凭证按其是否经过汇总分类,可分为汇总记账凭证和非汇总记账凭证。

(1)汇总记账凭证。即根据一定期间的若干张记账凭证按一定的方式汇总编制据以登记总分类账的凭证。按汇总方法的不同,可分为分类汇总记账凭证和全部汇总记账凭证两种。

①分类汇总记账凭证。即根据一定时期的记账凭证按其种类分别汇总填制的汇总凭证,可分为汇总收款凭证、汇总付款凭证和汇总转账凭证。

②全部汇总记账凭证。即根据一定期间的记账凭证全部汇总填制的,科目汇总表即为全部汇总记账凭证。

(2)非汇总记账凭证。即没有经过汇总的记账凭证,上述收款凭证、付款凭证、转账凭证、通用凭证、单式凭证、复式凭证等都是非汇总记账凭证。

综上所述,原始凭证与记账凭证之间存在着密切的联系。原始凭证是记账凭证的基础,记账凭证是根据原始凭证编制的。记账凭证是对原始凭证内容的概括和说明;原始凭证有时是登记明细账的依据。记账凭证的分类如图5-2 所示。

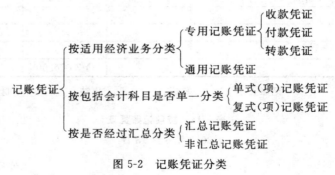

图 5-2　记账凭证分类

第二节　原始凭证的填制与审核

一、原始凭证的基本要素

由于各经济单位发生的经济业务的多样性,决定了各个原始凭证的名称、格式和内容也是多种多样的。但是,无论哪种原始凭证,都是作为经济业务的原始证据,必须详细载明有关经济业务的发生或完成情况,必须明确经办单位和人员的经济责任。因此,各种原始凭证都应具备一些共同的基本要素,按照我国《会计基础工作规范》的规定,原始凭证应当具备以下内容。

(1)填制单位的名称,如"××公司"、"××学院"、"××商场"等。

(2)原始凭证的名称,如"收料单"、"领料单"、"发票"等。

(3)填制凭证的日期,如在领料单上要写明填制日期(一般也就是领料的日期)以备查考。

(4)对外凭证要有接受凭证的单位名称,如发票上要写明购货单位的名称。单位名称要写全称,不得省略。

(5)经济业务的内容摘要,如在领料单上要有领用材料的用途、名称、规格等。

(6)经济业务所涉及的财物数量、单价和金额,如领料单上要有计量单位、数量、单价和金额等。这不仅是记账必需的资料,也是检查业务的真实性、合理性和合法性所必需的。

(7)经办人员的签名或盖章,如领料单上应有主管人员、记账人员、领料单位负责人、领料人和发料人的签名或盖章。

二、原始凭证的填制方法

下面以"收料单"和"领料单"的填制为例,说明原始凭证的填制方法。

(一)"收料单"的填制方法

"收料单"是企业购进材料验收入库时,由仓库保管人员根据购入材料的实际验收情况填制的一次性原始凭证。企业外购材料都应履行入库手续,由仓库保管人员根据供应单位开来的发票账单,严格审核,对运达入库的材料认真计量,并按实收数量认真填制"收料单"。收料单一式三联,一联留仓库据以登记材料物资明细账和材料卡片,一联随发票账单到会计处报账,一联交采购人员存查。具体格式和要素如表5-5所示。

(二)"领料单"的填制方法

"领料单"是在经济业务发生或完成时由经办人员填制的,一般只反映一项经济业务,或者同时反映若干项同类性质的经济业务。例如,企业、车间或部门从仓库中领用各种材料,都应履行出库手续,由领料经办人员根据需要材料的情况填写领料单,并经该单位主管领导批准到仓库领用材料。仓库保管员根据领料单,审核其用途,认真计量发放材料,并在领料单上签章。"领料单"一式三联,一联留领料部门备查,一联留仓库据以登记材料物资明细账和材料卡片,一联转会计部门或月末经汇总后转会计部门据以进行总分类核算。具体格式和要素如表5-6所示。

三、原始凭证填制的要求

各种原始凭证,大部分是由各单位业务经办人员填制的,由会计人员填制的原始凭证只是一小部分。为了正确、完善、清晰及时地记录经济业务必须对其填制规定严格要求,原始凭证填制的总体要求内容如下:

(一)记录要真实

凭证所反映的经济业务必须合法,必须符合国家有关政策、法令、规章、制度的要求,不符合以上要求的不得列入原始凭证。填制在凭证上的内容和数字必须真实可靠,要符合有关经济业务的实际情况。

(二)内容要完整

各种凭证的内容必须逐项、逐笔填写齐全,不得遗漏,必须符合手续完备的要求,经办业务的有关部门和人员要认真审查,签名盖章。有的原始凭证需填制一式几联的,联次不能缺少。

(三)书写要清楚

各种凭证的书写要用蓝黑墨水,文字要简要,字迹要清楚,易于辨认。不得使用未经国务院公布的简化字;对阿拉伯数字要逐个写清楚,不得连写;在数字前应填写人民币符号"¥"。大小写金额数字要符合规格,正确填写。大写金额数字应一律用如壹、贰、叁、肆、伍、陆、柒、捌、玖、拾、佰、仟、万、亿、元、角、分、零、整等,不得乱造简化字;金额数字中间有"0",字时,如小写金额¥5 003.6,大写金额中可以只写一个"零"字,为"伍仟零叁元陆角整";大写金额数字到元或者角为止的,在"元"或者"角"字之后应当写"整"或"正"字;大写金额数字有分的,分字后面不再写"整"或"正"字。小写金额数字一律填写到角、分,无角、分的,角位和分位填写"0",不得空格。需要填列大写金额的各种凭证,必须有大写的金额,不得只填小写金额,不填大写金额。大小写金额不一致的原始凭证视为无效凭证,应重新填写。

(四)更正要规范

各种凭证不得随意涂改、刮擦、挖补,填写错误需要更正时,应用划线更正法,即将错误的文字和数字用红色墨水划线注销,再将正确的数字和文字用蓝字写在划线部分的上面,并签字盖章。各种凭证必须编号,以便查考。

(五)编号要连续

各种凭证如果已预先印定编号,在写错作废时,应当加盖"作废"戳记,连同存根一起保存,不得撕毁。

（六）填制要及时

各种凭证必须及时填制,一切原始凭证都应按照规定程序及时送交财会部门,由财会部门加以审核并据以编制记账凭证。

四、原始凭证的审核

原始凭证的种类繁多、来源各异,由于经办人员水平不一或其他原因,原始凭证的填制可能会有伪造、虚假、错误等情况存在,因此,财务会计部门对各种原始凭证必须进行审核。经审核确认后,凭证上所记载的会计信息才能通过编制记账凭证进行加工处理,以确保会计信息系统最终所提供的财务报表信息的真实、可靠、正确。

（一）原始凭证审核的内容

1. 真实性

审核凭证的日期、业务内容、数据等是否真实,检查是否存在弄虚作假。

2. 合规性

审核原始凭证所记录的内容是否有违反财经政策法令、规章制度的情况,是否符合成本开支范围,是否符合企业的计划或预算的要求。

3. 完整性

审核原始凭证各项基本要素是否完整、齐全。例如,经济业务的内容摘要、数量、单价、金额、日期填写是否完整,文字书写是否清楚,手续是否完备,有关人员签章是否齐全等。

4. 正确性

审核原始凭证数量、单价、金额等数据都必须清楚且计算正确,数字的大、小写是否正确和一致。

（二）原始凭证审核结果的处理

在原始凭证的审核中,如发现有不符合上述要求、有错误或不完整之处,应根据以下有关规定进行处理。

（1）对于不真实、不合法的原始凭证,会计机构和会计人员有权不予接受,并向单位负责人报告。

（2）对于不准确、不完整的原始凭证,应退回给有关经办人员,并要求经办人员按照规定进行更正、补充。

（3）对有错误的原始凭证,按规定进行错误更正。原始凭证的内容有错误的,应当由开具单位重开或更正,并在更正处加盖出具单位印章;原始凭证金额出现错误的不得更正,只能由原始凭证的出具单位重新开具。

(4)原始凭证的内容不得涂改,凡涂改过的原始凭证均应视为无效凭证。

(5)原始凭证开具单位对于有错误的原始凭证,负有更正或重新开具的法律义务,不得拒绝。

第三节　记账凭证的填制与审核

一、记账凭证的基本要素

记账凭证种类甚多,格式不一,但其主要作用在于对原始凭证进行分类、整理,按照复式记账的要求,运用会计科目编制会计分录,据以登记账簿。因此,记账凭证必须具备以下基本要素:

(1)记账凭证的名称,如收款凭证、付款凭证、转账凭证等;

(2)凭证的填制日期和编号;

(3)经济业务的内容摘要;

(4)应贷账户名称、记账方向和金额(包括一级账户、二级或明细账户);

(5)记账标记;

(6)所附原始凭证的张数;

(7)会计主管、复核、记账、制证人员的签名或盖章;收付款凭证还要有出纳人员的签名或盖章。

二、记账凭证的填制方法

(一)专用记账凭证的填制

1.收款凭证的填制方法

收款凭证是用来记录货币资金收款业务的凭证,它是由出纳人员根据审核无误的原始凭证收款后填制的。在收款凭证左上方所填列的"借方科目"应是"库存现金"或"银行存款"科目,在凭证内所反映的"贷方科目"应填列与"库存现金"或"银行存款"相对应的"总账科目"及其所属的"明细科目"。"摘要"栏内登记经济业务的简要说明。"贷方金额"栏填列经济业务实际发生的数额,在凭证的右侧填写所附原始凭证张数,防止凭证失落,以便日后查阅。同时还要在出纳及制单处签名或盖章。"记账符号"栏应填写记入总账与日记账或明细账的页次,也可打"√"来表示已登记入账,这样可避免重记或漏记,也便于查对账目。填制方法见表5-9。

2.付款凭证的填制方法

付款凭证是用来记录货币资金付款业务的凭证,它是由会计人员根据审核无误的原始凭证付款后填制的。其填制方法与收款凭证基本相同。在付款凭证左上方所填列的"贷方科目"应是"库存现金"或"银行存款"科目,凭证"借方科目"应是与"库存现金"或"银行存款"相对应的科目。"借方金额"栏填列经济业务实际发生的数额,在凭证的右侧填写所附原始凭证的张数,并在出纳及制单处签名或盖章。填制方法见表5-10。

出纳人员应对已经收讫和付讫的收付款凭证及其原始凭证应当加盖"收讫"和"付讫"的戳记,以免重收、重付。

涉及库存现金和银行存款之间的划转业务,按规定只填制1张付款凭证,以免重复记账。例如,库存现金存入银行只填制现金付款凭证,从银行提取现金只填制银行付款凭证。

3.转账凭证的填制方法

转账凭证是用来记录与货币资金收付无关的转账业务的凭证,它是由会计人员根据审核无误的转账原始凭证填制的。与收款、付款凭证格式上的主要区别是:左上方没有借贷科目,将经济业务所涉及的会计科目全部填列在凭证内,借方科目在先,贷方科目在后;各会计科目所记应借应贷的金额填列在"借方金额"或"贷方金额"栏内,借贷方金额合计数应该相等;转账凭证上其他栏目与收款、付款凭证相同。填制方法见表5-11。

(二)通用凭证的填制

通用凭证的填制,与转账凭证基本相同,不同的是,通用凭证的编号只有一个,且采用顺序编号法。如果一笔经济业务事项的一笔会计分录需两张以上的记账凭证才能填制完成时,也应当采取分数编号法。通用凭证填制格式见本章第一节表5-12。

三、记账凭证的填制要求

记账凭证是登记账簿的直接依据,记账凭证填制得正确与否,直接关系到账簿记录的真实和正确。填制记账凭证的具体要求如下:

(一)以审核无误的原始凭证及有关资料为依据

记账凭证上应注明所附的原始凭证张数,以便检查经济业务的内容和已编会计分录的正确与否。如果根据同一原始凭证填制张数记账凭证时,则应在未附原始凭证的记账凭证上注明"附件××张,见第××号记账凭证"。如果原始凭证需要另行保管时,则应在附件栏目内加以注明,以便查阅。但更正错账和结账的记账凭证可以不附原始凭证。

(二)正确简明地填写摘要

摘要应简明扼要地说明每项经济业务的内容。填写摘要时,应抓住经济业务要点,文字说明必须简明确切。

(三)正确编制会计分录

会计科目的名称要规范,要符合企业会计准则应用指南的规定。会计科目不得简化或随意改动,也不能只填写会计科目的代码,有二级科目和明细科目的必须填写齐全,记账的方向要明确,金额计算要准确无误。

(四)记账凭证的日期

在凭证的日期栏,应填写本凭证的日期,用阿拉伯数字填写。

(五)记账凭证的编号

要根据不同的情况采用不同的编号方法。通常有三种情况:如果采用统一的一种格式(通用格式),凭证的编号可采用顺序编号法,即按月编顺序号。业务极少的单位可按年编顺序号。如果采用专用记账凭证,记账凭证的编号应采用字号编号法,即把不同类型的记账凭证用字号加以区别,再把同类记账凭证按顺序连续编号。例如,专用记账凭证,采用字号编号法时,具体地编为"收字第××号","付字第××号","转字第××号"。也可将"收字第××号"再细分为"现收字第××号"和"银收字第××号";"付字第××号"细分为"银付字第××号"和"银收字第××号"。如果某笔经济业务需要填制一张以上的记账凭证时,记账凭证的编号可采用分数编号法。例如,第 10 笔转账业务需填制两张凭证,则其编号为转字 $10\frac{1}{2}$ 号(第 1 张)和转字 $10\frac{2}{2}$ 号(第 2 张)。

为了加强凭证的管理,月末应在所有者凭证的最后一张记账凭证的编号旁加注"全"字,便于查证是否丢失。

(六)记账凭证必须有签章,以明确经济责任

制单人员、审核人员、记账人员和会计主管必须在记账凭证上签章。出纳人员根据收款凭证收款或根据付款凭证付款时,均要在凭证上加盖"收讫"、"付讫"的戳记,以免重收重付,防止差错。

四、记账凭证的审核

记账凭证是根据审核无误的原始凭证填制的,是登记账簿的直接依据。

为了保证账簿记录的正确性,必须在登记账簿以前认真审核。记账凭证审核的内容主要有以下几个方面:

(1)内容要真实。记账凭证后应附有原始凭证,原始凭证是否齐全,内容是否合法,记账凭证所记录的经济业务与所附原始凭证所反映的经济业务是否相符。

(2)会计分录要正确。记账凭证的会计分录应当正确,账户对应关系应当清晰,金额计算应当准确,会计处理应当符合会计制度的规定。

(3)项目要完整。记账凭证的摘要要填写清楚、项目填写要齐全,如日期、凭证编号、二级和明细会计科目、附件张数及有关人员签章等要清楚、齐全。

在审核过程中,如果发现凭证填制错误,应查明原因,按规定办法及时处理和更正。若记账前发现记账凭证填制错误,一律作废重新填制;若记账后发现记账凭证填写错误,应当按照相关规定进行更正。只有经过审核无误的记账凭证,才能作为登记账簿的依据。

第四节　会计凭证的传递与保管

一、会计凭证的传递

会计凭证的传递,是指会计凭证从填制到归档保管整个过程中,在单位内部各有关部门和人员之间的传递。正确地组织会计凭证的传递,对于及时地反映和监督经济业务的发生和完成情况,合理地组织经济活动,加强经济管理责任,提高会计工作效率具有重要意义。

由于企业经济业务内容、生产组织原理的不同,会计凭证的传递也有所区别。企业在制定会计凭证传递程序时,应当注意考虑以下三个问题:

(1)应当根据经济业务的特点,结合企业内部机构的设置和人员分工的情况及管理上的需要,规定各种会计凭证的联次及其传递程序,使各有关部门和人员能够按照规定程序处理和审核会计凭证,提高凭证传递速度。

(2)应当根据有关部门和人员办理经济业务的必要时间,确定凭证在各个环节的时间,既要保证业务手续的顺利完成,又要尽可能地使会计凭证以最快速度的传递。

(3)应当加强会计凭证传递过程中的衔接,建立凭证交接的签收制度,确保手续的完备、严密和简便易行,这样不仅能够保证会计凭证的安全和完整,而且在各个环节中能够做到责任明确。

二、会计凭证的保管

会计凭证的保管,是指会计凭证登账后的整理、装订和归档存查。会计凭证既是记录经济业务、明确经济责任的书面证明,又是登记账簿的依据。因此会计凭证作为重要的经济档案和历史资料,必须由专人定期整理、妥善保管,不得丢失或任意销毁。会计凭证的保管工作,既要遵循会计凭证的安全和完整原则,又要遵循凭证日后查阅的方便原则。会计凭证归档保管的主要方法和要求如下:

(1)各单位的财会部门每月记账完毕后要将本月的各种记账凭证连同所附原始凭证加以整理,按顺序号排列,装订成册。首先检查有无缺号和附件是否齐全,然后折叠整齐,加具封面、封底,装订成册。封面上应注明:单位的名称、所属的年度和月份、起讫的日期、记账凭证的种类、起讫号数、总计册数等,并由有关人员签章。如果凭证数量过多,可分装成若干册,在封面上加注"共几册"字样;为了防止任意拆装,在装订线上要加贴封签,并由会计主管人员盖骑缝章。会计凭证封面的格式如图 5-3 所示。

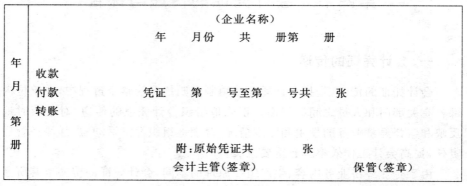

图 5-3　会计凭证封面

(2)如果某些记账凭证所附原始凭证数量过多,保管时,也可以单独装订成册,但应在有关记账凭证上注明"附件另订"和原始凭证的名称和编号,尤其是合同、契约、押金收据及需要随时查阅的收据等需要单独保管,以便查核。

(3)装订成册的会计凭证应集中保管,并指定专人负责。对于调阅会计凭证应有严格的制度。本单位人员调阅需经会计主管同意;其他单位人员调阅要有正规的介绍信,经会计主管或单位领导同意;为避免抽出原始凭证,也可采用复制方法,但应有严格手续。调阅时,要在专门的登记簿上进行登记。

(4)会计凭证作为重要的档案资料,年度终了,送交会计档案室或单位综合档案室归档。归档后,按年月顺序排列,妥善保管。保管过程中应防止鼠咬虫蛀、破损霉变,保证其安全和完整。

(5)会计凭证的保管期限和销毁手续,必须严格执行国家《会计档案管理办法》的规定。原始凭证、记账凭证和汇总记账凭证保管期限为15年,其中涉外凭证和一些重要凭证应永久保存。未到期限,任何人不得随意销毁凭证。保存期满之后,也必须按规定手续报经批准,方能销毁。

课后练习

一、单项选择题

1. 填制会计凭证是( )的前提和依据。
   A. 设置账户　　B. 成本计算　　C. 编制会计报表　　D. 登记账簿

2. 用以办理业务手续、记载业务发生或完成情况、明确经济责任的会计凭证是( )。
   A. 原始凭证　　B. 记账凭证　　C. 收款凭证　　D. 付款凭证

3. 将现金送存银行,一般应根据有关原始凭证填制( )。
   A. 现金收款凭证　　　　　　B. 银行存款收款凭证
   C. 现金付款凭证　　　　　　D. 转账凭证

4. 下列单据中,不能作为记账用的原始凭证是( )。
   A. 购销合同　　　　　　　　B. 产品制造费用分配表
   C. 现金支票存根　　　　　　D. 出差车票

5. 企业外购材料一批,货款尚未支付,根据有关原始凭证,应填制的记账凭证是( )。
   A. 收款凭证　　　　　　　　B. 付款凭证
   C. 转账凭证　　　　　　　　D. 累计凭证

6. 材料入库单属于( )。
   A. 记账凭证　　　　　　　　B. 自制原始凭证
   C. 外来原始凭证　　　　　　D. 累计凭证

7. 原始凭证按其取得的来源不同,可分为( )。
   A. 外来原始凭证和自制原始凭证　　B. 单式记账凭证和复式记账凭证
   C. 一次凭证和累计凭证　　　　　　D. 收、付、转记账凭证

8. 记账凭证按适用经济业务分类,可分为( )。
   A. 专用记账凭证和通用记账凭证　　B. 复式记账凭证和单式记账凭证

C. 汇总记账凭证和非汇总记账凭证　　D. 收款凭证和付款凭证

9. 下列项目中属于外来原始凭证的是(　　　)。

    A. 收料单　　　　B. 销货发票　　　C. 购货发票　　　　　D. 订货合同

10. "发出材料汇总表"是(　　　)。

    A. 汇总原始凭证　　　　　　　　　B. 汇总记账凭证

    C. 累计凭证　　　　　　　　　　　D. 转账凭证

二、多项选择题

1. 限额领料单同时属于(　　　)。

    A. 自制原始凭证　　　　　　　　　B. 累计凭证

    C. 汇总原始凭证　　　　　　　　　D. 记账凭证

2. 原始凭证的审核内容主要包括(　　　)。

    A. 合规性　　　　　　　　　　　　B. 正确性

    C. 真实性　　　　　　　　　　　　D. 完整性

3. 下列文件中,属于外来原始凭证的有(　　　)。

    A. 领料单　　　　　　　　　　　　B. 购货发票

    C. 火车票　　　　　　　　　　　　D. 银行存款通知

4. 在原始凭证上书写阿拉伯数字,正确的是(　　　)。

    A. 金额数字一律填写到角、分

    B. 无角分的,角位和分位可写"00"或者符号"—"

    C. 有角无分的,分位应当写"0"

    D. 有角无分的,分位也可以用符号"—"代替

5. 记账凭证填制的依据是(　　　)。

    A. 收款凭证　　　　　　　　　　　B. 付款凭证

    C. 原始凭证　　　　　　　　　　　D. 原始凭证汇总表

    E. 结账等账簿资料

6. 付款凭证左上角的贷方科目,可能是下列科目中的(　　　)。

    A. 应付账款　　　　　　　　　　　B. 库存现金

    C. 银行存款　　　　　　　　　　　D. 应收账款

7. 差旅费报销单属于(　　　)。

    A. 自制凭证　　　　　　　　　　　B. 外来凭证

    C. 记账凭证　　　　　　　　　　　D. 一次凭证

8. 记账凭证是(　　　)填制的。

    A. 经办人员　　　　　　　　　　　B. 会计人员

　　C.经济业务发生时　　　　D.根据审核无误的原始凭证

9.以下业务应该填制转账凭证的有(　　　)。

　　A.材料入库　　　　　　　B.生产领用原材料

　　C.购料付款　　　　　　　D.偿还货款

10.会计凭证的保管应做到(　　　)。

　　A.定期归档、装订,以便查阅

　　B.查阅会计凭证要有手续

　　C.装订成册的会计凭证应集中由专人负责保管

　　D.按规定的程序办理销毁手续

三、判断题

1.原始凭证是登记明细分类账的依据,记账凭证是登记总分类账的依据。

　　　　　　　　　　　　　　　　　　　　　　　　　　(　　　)

2.外来原始凭证都是一次凭证。　　　　　　　　　　　　(　　　)

3.发料凭证汇总表属于累计凭证。　　　　　　　　　　　(　　　)

4.将现金存入银行的业务,可以既编制现金付款凭证,又可以编制银行存款收款凭证,然后分别据以登记入账。　　　　　　　　　　　(　　　)

5.会计凭证按其来源不同可分为外来会计凭证和自制会计凭证两种。

　　　　　　　　　　　　　　　　　　　　　　　　　　(　　　)

6.记账凭证只能根据一张原始凭证填制。　　　　　　　　(　　　)

7.凭证编号的 $10\frac{1}{3}$ 表示第10笔业务需要填制三张记账凭证,共有三张原始凭证,该记账凭证是根据其中的第一张原始凭证编制的。　　(　　　)

8.记账凭证可以根据账簿记录填制。　　　　　　　　　　(　　　)

9.收款凭证左上方"贷方科目"应填写"库存现金"或"银行存款"科目。

　　　　　　　　　　　　　　　　　　　　　　　　　　(　　　)

10.会计凭证按规定保管期满后,可由财会人员自行销毁。　(　　　)

四、业务练习题

目的:练习收款凭证、付款凭证和转账凭证的编制。

资料:某企业 2010 年 4 月份发生下列经济业务:

1.3 日,从天星公司购入甲、乙两种材料,甲材料 15 000 元,乙材料 10 000 元,货款 25 000 元,立即用银行存款支付。

2.5 日,仓库发出甲材料 1 000 千克,每千克 15 元,发生乙材料 200 千克,每千克 10 元,用于 A 产品生产。

　　3.7 日,销售 A 产品 600 件,每件售价 50 元,共计 30 000 元,货款收到存入银行存款户。

　　4.8 日,收到上月应收账款 15 000 元,存入银行存款户。

　　5.10 日,以银行存款支付上月的应付账款 13 500 元。

　　6.13 日,售出 B 产品 100 件,每件售价 200 元,货款尚未收到。

　　7.15 日,向银行提取现金 8 000 元,以备发工资。

　　8.17 日,以库存现金支付职工本月工资 8 000 元。

　　9.18 日,用银行存款支付本月电话费 800 元。

　　10.22 日,收到 4 月 13 日所售 B 产品货款,存入银行存款户。

　　11.24 日,以库存现金 200 元支付厂部办公用品费。

　　12.28 日,按规定提取固定资产折旧 5 000 元,其中生产车间固定资产折旧 3 600 元,管理部门固定资产折旧 1 400 元。

　　13.29 日,职工李想因公出差,预借差旅费 1 000 元,以库存现金支付。

　　14.30 日,结转本月职工工资 8 000 元,其中生产工人工资 4 000 元,车间管理人员工资 2 000 元,厂部管理人员工资 2 000 元。

　　15.30 日,职工李想出差归来,报销差旅费 800 元,并交回剩余现金 200 元。

　　要求:

　　1.根据上述业务填制收款凭证、付款凭证和转账凭证,并按"收"、"付"、"转"分别编号。

　　2.逐笔分析指出会计人员对上述交易或事项编制记账凭证时,所依据的原始凭证或原始凭证汇总表。

第六章　日常业务处理——会计账簿

登记账簿是日常会计核算工作的重要内容之一。从原始凭证到记账凭证，按照一定的会计科目和复式记账法，把大量的经济信息转化为会计信息记录在记账凭证上，再通过登记账簿，将分散在会计凭证上的数据和资料进行分类记录，并逐步加工汇总成相关的会计信息，为编制会计报表提供依据。

第一节　账簿登记的基本要求

会计人员应当根据审核无误的会计凭证登记会计账簿。登记账簿的基本要求如下：

一、内容准确完整

（1）登记会计账簿时，应当将会计凭证日期、编号、业务内容摘要、金额和其他有关资料逐项计入账内，做到数字准确、摘要清楚、登记及时、字迹工整。

（2）对于每一项会计事项，一方面要计入有关的总账，另一方面要计入该总账所属的明细账。账簿记录中的日期，应该填写记账凭证上的日期；以自制的原始凭证（如收料单、领料单等）作为记账依据的，账簿记录中的日期应按有关自制凭证上的日期填列。

（3）登记账簿时，在每一页的第一行"月份"栏要注明当前月份，以后本页再登记时，只要不跨月度，日期栏只需填入具体日期，月份可以不填。当跨月度时，在新月度的起始行日期栏中填入新月份。

（4）负责登记账簿的会计人员，在登记账簿前，应对已经专门复核人员审查过的记账凭证再复核一遍，这是岗位责任制和内部牵制制度的要求。在任何情况下，凡不兼任填制记账凭证工作的记账人员都不得自行更改记账凭证。

二、登记账簿要及时

登记账簿的间隔时间应该根据本单位所采用的具体会计核算形式而定。一般情况下，总账可以三五天登记一次；明细账的登记时间间隔要短于总账，日记账和债权债务明细账一般一天就要登记一次。库存现金、银行存款日记账，应根据收、付款记账凭证，随时按照业务发生顺序逐笔登记，每日终了应结出余额。

三、注明记账符号

登记完毕，应在记账凭证"记账"栏注明账簿页码或作出"√"符号，表示已记账，以免重记、漏记，也便于查阅、核对，并在记账凭证中"记账"处签名或盖章，以明确经济责任。

四、书写留空

账簿中书写的文字和数字上面要留有适当空格，不要写满格，一般应占格距的 1/2。这样，在一旦发生登记错误时，能比较容易地进行更正。

五、正常记账使用蓝黑墨水

登记账簿要用蓝黑墨水或者碳素墨水书写，不得使用圆珠笔（银行的复写账簿除外）或者铅笔书写。在会计上，数字的颜色是重要的语素之一，它同数字和文字一起传达出会计信息，书写墨水的颜色用错了，其导致的概念混乱不亚于数字和文字的错误。

六、特殊记账使用红墨水

根据财政部《会计基础工作规范》的规定，下列情况，可以用红色墨水记账：

(1)按照红字冲账的记账凭证，冲销错误记录；

(2)在不设借贷等栏的多栏式账页中，登记减少数；

(3)在三栏式账户的余额栏前，如未印明余额方向的，在余额栏内登记负数余额；

(4)注销空行或空页；

(5)期末结账时画线；

(6)根据相关规定可以用红字登记的其他会计记录。

七、顺序连续登记

各种账簿应按页次顺序连续登记，不得跳行、隔页。如果发生跳行、隔页，应当将空行、空页画线注销，并由记账人员签名或者盖章。这对避免在账簿登记中可能出现的漏洞，是十分必要的防范措施。

①当出现空行时,应在该行"摘要"栏填入"此行空白",然后用红笔划一条通栏红线,最后,由记账人员在该行签名或盖章。

②当出现空页时,应在该页注明"此页空白",然后用红笔在该页左上角至右下角划一条对角斜线,最后由记账人员在该页签名或盖章。

八、结出余额

(1)凡需要结出余额的账户,结出余额后,应当在"借或贷"等栏内写明"借"或者"贷"等字样。没有余额的账户,应当在"借或贷"等栏内写"平"字,并在余额栏内用"0"表示。

(2)库存现金日记账和银行存款日记账必须逐日结出余额。

(3)一般来说,对于没有余额的账户,在余额栏内标注的"0"应当放在"元"位。

九、错账更正

账簿记录发生错误,不准涂改、挖补、刮擦或者用药水消除字迹。发现差错必须根据差错的具体情况采用划线更正法、红字更正法、补充登记法等方法更正。

十、过次承前

当一张账页记满,需要在下页继续登记时,应在本页的最末一行"摘要"栏注明"过次页",结计出本页借、贷方发生额,填入"借方"、"贷方"栏。在下一页的第一行"摘要"栏注明"承前页",将前页结计出借方、贷方发生额及余额,记入相应栏目。

不同账户的本页借、贷方发生额的结计方法有所不同,一般分为以下三种情况:

(1)月末需要结计本月发生额的账户。结计"过次页"的本页发生额为自本月初起至本页末止的借贷方发生额合计数。

(2)月末不需要结计本月发生额,但需结计本年累计发生额的账户。结计"过次页"的本页发生额为自年初起至本页末止的借贷方累计发生额。

(3)月末既不需要结计本月发生额,也不需要结计本年累计发生额的账户。可以只将各页的余额结转至次页,不需要结计本页发生额,其账页的最末一行,也可用来登记具体经济业务。在下一页的第一行摘要栏中注明"承前页",在余额栏中记入前页余额即可。

一般来讲,账户按以下类别顺序归类结计:

损益类账户需结计"本月合计"及"本年累计";日记账及多栏账只需结计"本月合计",不需结计"本年累计";总分类账户不需结计"本月合计",只需在年末结计"本年合计";其他账户既不需结计"本月合计",也不需结计"本年累计"。

十一、定期打印

《会计基础工作规范》第 61 条对实行会计电算化的单位提出了打印上的要求:"实行会计电算化的单位,总账和明细账应当定期打印";"发生收款和付款业务的,在输入收款凭证和付款凭证的当天必须打印库存出现金日记账和银行存款日记账,并与库存现金核对无误"。

第二节　日记账的登记

日记账是根据全部经济业务发生或完成的先后顺序,逐日、逐笔、连续进行登记的账簿,主要包括库存现金日记账和银行存款日记账。

一、库存现金日记账的登记

库存现金日记账,是逐日、逐笔、序时记录和反映库存现金的收入、支出及结存情况的账簿。通过库存现金日记账的记录,能全面了解现金的增减变动是否符合国家有关现金管理的规定。库存现金日记账的账页格式一般采用"三栏式"。账页基本结构为"借方"、"贷方"和"余额"三栏,一般格式如表 6-1 所示。

表 6-1　库存现金日记账

2010 年		凭证		摘　要	对方科目	借　方	贷　方	结　余
月	日	字	号					
3	1			期初余额				2 000
	3	银付	1	提现	银行存款	6 000		8 000
	3	现付	1	预借差旅费	其他应收款		5 000	3 000
	3	现付	2	支付办公费	管理费用		1 500	1 500
				本日合计		6 000	6 500	1 500
	4	银付	2	提现	银行存款	55 000		56 500
	4	现付	3	发放工资	应付职工薪酬		50 000	6 500
	4	现付	4	将多余现金存入银行	银行存款		6 000	500

右上角：续　表

2010 年		凭 证		摘　要	对方科目	借　方	贷　方	结　余
月	日	字	号					
				本日合计		55 000	56 000	500
				…				
				…				
				…				
	31	银付	26	提现	银行存款	3 000		3 600
	31	现付	38	支付罚款	营业外支出		3 200	400
				本日合计		3 000	3 200	400
	31			本月合计		88 000	89 600	400

　　库存现金日记账通常由出纳人员根据审核后的现金收款凭证和现金付款凭证逐日、逐笔、顺序登记。"收入"栏金额根据现金收款凭证登记(从银行提取现金业务,就要根据银行付款凭证登记入账),"支出"栏金额根据现金付款凭证登记。每天终了,必须结出当日现金结余金额。现金收、支业务量较大的单位,还可以结出当日的现金收入合计数、支出合计数,并在"摘要"栏注明"本日合计"字样,为了便于识别,可在该行的下线处划一条通栏单红线。结出的现金收、支合计数和结余数应在紧接最后一行业务记录的次行登记,不得隔页跳行。每日结出的账面结余数应与库存现金实际数核对,做到账实相符。

　　登记库存现金日记账时,除了遵循账簿登记的基本要求外,还应注意:

　　(1)"日期"栏中填入的应为据以登记账簿的会计凭证上的日期,现金日记账一般依据记账凭证登记,因此,此处日期为编制该记账凭证的日期。不能填写原始凭证上记载的发生或完成该经济业务的日期,也不是实际登记该账簿的日期。

　　(2)"对应科目"栏应填入会计分录中"库存现金"科目的对应科目,用以反映库存现金增减变化的来龙去脉。在填写对应科目时,应注意对应科目只填总账科目,不需填明细科目,当对应科目有多个时,应填入主要对应科目。

　　正常情况下库存现金不允许出现贷方余额,因此,现金日记账余额栏前未印有借贷方向,其余额方向默认为借方。若在登记现金日记账过程中,由于登账顺序等特殊原因出现了贷方余额,则在余额栏用红字登记,表示贷方余额。

二、银行存款日记账的设置与登记

　　银行存款日记账通常由出纳人员根据审核后的银行存款收款凭证和银行存款付款凭证逐日、逐笔、顺序登记。"借方"栏金额根据银行存款收款凭证登记(将现金存入银行业务,就要根据现金付款凭证登记入账),"贷方"栏金额根据银行存款付款凭证登记。每日终了必须结出存款余额。银行存款日记账应定期与银行对账单核对,至少每月核对一次。月份终了,本单位账面结余数与银行对账单如有差额,必须逐笔查明原因进行处理,并按月编制"银行存款余额调节表",试算调节相符。银行存款日记账的格式一般也采用三栏式或多栏式,其登记方法与现金日记账的登记方法基本相同。其格式如表 6-2 所示。

表 6-2 银行存款日记账

2010年		凭 证		摘 要	对方科目	借 方	贷 方	结 余
月	日	字	号					
7	1			期初余额				95 000
	1	银收	1	追加投资	实收资本	100 000		195 000
	1	银付	1	购入设备	固定资产		50 000	145 000
	1	银付	2	偿还欠款	应付账款		30 000	115 000
				本日合计		100 000	80 000	115 000
	3	银收	2	收欠款	应收账款	60 000		175 000
	3	银付	3	提现金	库存现金		50 000	125 000
	3	银付	4	付材料款	原材料		65 000	60 000
				本日合计		60 000	115 000	60 000
				…				
				…				
				…				
	31	银付	20	预付货款	预付账款		10 000	80 000
	31	银收	32	销售	主营业务收入	50 000		130 000
				本日合计		50 000	10 000	130 000
	31			本月合计		320 000	285 000	130 000

第三节 分类账的登记

总分类账是按照总分类账户分类登记全部经济业务的账簿。在会计核算中,应按照会计科目的编码顺序分设账户,并为每个账户预留若干账页。任何单位都要设置总分类账。总分类账只要求提供金额指标,所以总分类账账页的格式一般用三栏式。

在实务中,各单位可以根据实际情况,选择不同的方法和程序来登记总分类账。根据登记总分类账的方法和程序的不同,可以划分出各种不同的账务处理程序。

账务处理程序又称会计核算形式,是指会计凭证、会计账簿、财务报表相结合的方式。该程序包括会计凭证和账簿的种类、格式,会计凭证与账簿之间的联系方法,由原始凭证到编制记账凭证,登记明细分类账和总分类账,编制财务报表的工作程序和方法。

目前,我国常用的账务处理程序有以下五种:记账凭证账务处理程序、汇总记账凭证账务处理程序、科目汇总表账务处理程序、日记总账账务处理程序、多栏式日记账账务处理程序、通用日记账账务处理程序。本书主要介绍前三种账务处理程序。

一、记账凭证账务处理程序

记账凭证账务处理程序是直接根据记账凭证逐笔登记总分类账的一种账务处理程序。

记账凭证账务处理程序对记账凭证和账簿的种类和格式无特殊要求。记账凭证可以采用统一的通用格式,也可以分成收、付、转三类;需设置总分类账、现金日记账、银行存款日记账和明细分类账;总账和日记账均可采用三栏式,明细分类账根据需要,可采用三栏式、数量金额式或多栏式。

记账凭证账务处理程序的特点是:直接根据记账凭证逐笔登记总分类账。

记账凭证账务处理流程如下:

(1)根据原始凭证编制汇总原始凭证;

(2)根据原始凭证或汇总原始凭证,编制记账凭证;

(3)根据收款凭证、付款凭证逐笔登记库存现金日记账和银行存款日记账;

(4)根据原始凭证、汇总原始凭证和记账凭证,登记各种明细分类账;

(5)根据记账凭证逐笔登记总分类账;

(6)月末,库存现金日记账、银行存款日记账和明细分类账的记录与有关总分类账户记录核对相符;

(7)月末,根据总分类账和明细分类账的记录,编制财务报表。

记账凭证账务处理程序如图 6-1 所示。

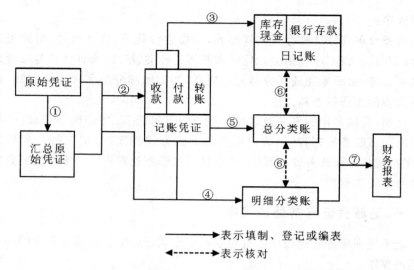

图 6-1   记账凭证核算形式账务处理程序示意图

现以第三章南方有限责任公司 12 月的交易或者事项为例,说明记账凭证核算形式的具体运用。银行存款总分类账(三栏式)的登记结果如表 6-3 所示;应收账款总账登记结果如表 6-4 所示;其他总账登记从略。

表 6-3   总分类账

会计科目:银行存款

2010 年		凭证字号	摘 要	借 方	贷 方	借或贷	余 额
月	日						
12	01		月初余额			借	250 000
	01	银收字 1	吸收投资	70 000		借	320 000
	01	银收字 2	借入短期借款	120 000		借	440 000
	01	银收字 3	长期借款	600 000		借	1 040 000
	09	银付字 1	提现		70 300	借	969 700
	09	银付字 2	预交下年度报刊费		2 400	借	967 300
	12	银付字 3	购设备		12 200	借	955 100
	12	银付字 4	支付税款滞纳金		1 000	借	954 100
	16	银付字 5	购材料		585 000	借	369 100
	17	银付字 6	购材料		17 550	借	351 550
	18	银付字 7	支付银行手续费		100	借	351 450
	19	银收字 4	预收货款	200 000		借	551 450
	21	银付字 8	支付销售费用		3 500	借	547 950

续　表

| 2010 年 | | 凭证字号 | 摘　要 | 借　方 | 贷　方 | 借或贷 | 余　额 |
月	日						
	21	银付字 9	支付运费		5 100	借	542 850
	24	银付字 10	支付欠款		351 000	借	191 850
	27	银付字 11	预付货款		50 000	借	141 850
	28	银收字 5	收材料销售款	117 00		借	153 550
	30	银付字 12	补付货款		125 500	借	28 050
	30	银收字 6	收回商业汇票款	842 400		借	870 450
	30	银收字 7	投资收益	40 000		借	910 450
	31	银收字 8	收回欠货款	736 000		借	1 646 450
	31		本月合计	2 620 100	1 223 650	借	1 646 450

表 6-4　总分类账

会计科目：应收账款

| 2010 年 | | 凭证字号 | 摘　要 | 借　方 | 贷　方 | 借或贷 | 余　额 |
月	日						
12	01		月初余额			借	100 000
12	13	转字 11	应收商品销售款	842 400		借	942 400
12	18	转字 14	应收款转为商业汇票		842 400	借	100 000
12	31		本月合计	842 400	842 400	借	100 000

记账凭证核算形式的优点如下：

（1）记账手续简便。由于直接根据记账凭证登记总分类账，会计处理十分简便，业务记录环节少，便于操作。

（2）层次清楚，便于查账。由于总分类账直接根据记账凭证逐笔序时记录，因此，能够比较详细地反映交易或者事项的内容，账户对应关系清晰，便于查账。

记账凭证核算形式的缺点：在业务量较大、凭证数量较多时，直接根据记账凭证逐笔登记总分类账，工作量较大，会计核算效率较低，工作质量难以保证。

记账凭证会计核算形式的适用范围：综合上述各项优缺点，记账凭证核算形式一般只适用于经营规模小、经济业务简单、业务量少的单位。

二、科目汇总表账务处理程序

科目汇总表账务处理程序是根据记账凭证定期编制科目汇总表，并据以登记总分类账的一种账务处理程序。其特点是:定期根据记账凭证编制科目汇总表,并据以登记总分类账。由于科目汇总表是根据记账凭证汇总编制的,所以科目汇总表又称为"记账凭证汇总表",该账务处理程序又称为记账凭证汇总表账务处理程序。

科目汇总表账务处理程序对记账凭证和账簿的种类和格式无特殊要求,会计凭证、账簿设置与记账凭证账务处理程序相同,另外,需设置科目汇总表。其账务处理流程如下:

(1)根据原始凭证编制汇总原始凭证;

(2)根据原始凭证或汇总原始凭证,编制记账凭证;

(3)根据收款凭证、付款凭证逐笔登记现金日记账和银行存款日记账;

(4)根据原始凭证、汇总原始凭证和记账凭证,登记各种明细分类账;

(5)根据记账凭证编制科目汇总表;

(6)根据科目汇总表登记总分类账;

(7)月末,库存现金日记账、银行存款日记账和明细分类账的记录与有关总分类账户记录核对相符;

(8)月末,根据总分类账和明细分类账的记录,编制财务报表。

科目汇总表账务处理程序如图 6-2 所示。

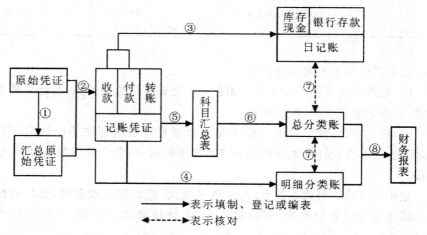

图 6-2　科目汇总表核算形式账务处理程序示意图

假定每十天编制一张科目汇总表,那么根据第三章南方有限责任公司 2010 年 12 月的记账凭证编制的科目汇总表则分别如表 6-5、表 6-6 和表 6-7 所示。

表 6-5　科目汇总表

2010 年 12 月 01 日至 10 日　　　　　　　　汇 1 号

会计科目	本期发生额		记账凭证起讫号	
	借　方	贷　方	借　方	贷　方
银行存款	790 000	72 700	银收 1—3	银付 1—2
实收资本		420 000		银收 1,转 1—2
固定资产	250 000		转 1	
无形资产	100 000		转 2	
库存现金	70 300	70 300	银付 1	现付 1—2
应付职工薪酬	70 300		现付 1—2	
长期借款		600 000		银收 3
短期借款		120 000		银收 3
待摊费用	2 400		银付 2	
合　计	1 283 000	1 283 000		

表 6-6　科目汇总表

2010 年 12 月 11 日至 20 日　　　　　　　　汇 2 号

会计科目	本期发生额		记账凭证起讫号	
	借　方	贷　方	借　方	贷　方
银行存款	200 000	615 850	银收 4	银付 3—6
固定资产	10 500		银付 3	
应付账款	4 000		转 3	
营业外收入		4 000		转 3
应交税费	89 250	122 400	银付 3,银付 5—6	转 4
营业外支出	1 000		银付 4	
应收账款	842 400	842 400	转 4	转 5
主营业务收入		720 000		转 4
原材料	515 000		银付 5,转 6	
在途物资	15 000	15 000	银付 6	转 6
财务费用	100		银付 7	
应收票据	842 400		转 5	
预收账款		200 000		银收 4
管理费用	4 500		现付 3,转 7	
库存现金	500		现付 3	
其他应收款		5 000		转 7
合　计	2 524 650	2 524 650		

表 6-7　科目汇总表

2010 年 12 月 21 日至 31 日　　　　　　　　　　　　　　　　汇 3 号

会计科目	本期发生额		记账凭证起讫号	
	借　方	贷　方	借　方	贷　方
银行存款	1 630 100	535 100	银收 6—8	银付 8—12
应付账款	351 000	351 000	银付 10	转 8
应付票据		35 100		转 9
预付账款	175 500		银付 11—12	
预收账款	936 000	936 000	转 17	银收 8
应收票据		842 400		银收 6
应付利息		5 000		转 15
…	…	…	…	…
…	…	…	…	…
…	…	…	…	…
合　计	——	——		

在科目汇总表核算形式下,总分类账户的登记方法,取决于科目汇总表的具体形式。

（一）逐次登记

如果科目汇总表每十天汇总一次,每汇总一次编制一张,那么总分类账可以直接根据每次汇总的结果逐次进行登记。

根据上例的科目汇总表登记南方有限责任公司银行存款总分类账的方法如表 6-8 所示;其他总账登记从略。

表 6-8　总分类账

会计科目:银行存款

2010 年		凭证字号	摘　要	借方金额	贷方金额	借或贷	余　额
月	日						
12	01		期初余额			借	250 000
	10	汇 1	1—10 汇总	790 000	72 700	借	967 300
	20	汇 2	11—20 日汇总	200 000	615 850	借	551 450
	31	汇 3	21—31 日汇总	1 630 100	535 100	借	1 646 450
12	31		本月合计	2 620 100	1 223 650	借	1 646 450

（二）一次登记

如果科目汇总表每十天汇总一次,每月汇总编制一张,那么可以将全月汇总结果一次计入各总分类账。

科目汇总表核算形式的优点：

（1）根据科目汇总表登记总分类账，因而减少了过账的工作量。

（2）汇总方法简单，明白易懂。

（3）汇总工作可以分散在平时进行，减轻了月末的工作压力。

（4）科目汇总表本身兼有试算平衡的作用，因而根据科目汇总表记账，可以降低过账错误，保证会计工作质量。

科目汇总表核算形式的缺点是：科目汇总表不能反映会计科目之间的对应关系，不便于根据账簿记录了解交易或者事项的来龙去脉，不便于核对账目和进行会计分析。

科目汇总表核算形式的适用范围是：科目汇总表核算形式一般适用于规模较大、业务量较多的单位。

三、汇总记账凭证账务处理程序

记账凭证账务处理程序是根据记账凭证定期编制汇总记账凭证，并据以登记总分类账的一种账务处理程序。其特点是：定期根据记账凭证编制汇总收款凭证、汇总付款凭证和汇总转账凭证，并根据汇总记账凭证登记总分类账。

汇总记账凭证账务处理程序对会计账簿的种类和格式无特殊要求，其会计账簿设置与记账凭证账务处理程序基本相同，但为了便于记账凭证的汇总，记账凭证应采用专用格式，即设置收款、付款和转账凭证，另外还需设置汇总收款凭证、汇总付款凭证和汇总转账凭证。

其账务处理流程如下：

（1）根据原始凭证编制汇总原始凭证；

（2）根据原始凭证或汇总原始凭证，编制记账凭证；

（3）根据收款凭证、付款凭证逐笔登记库存现金日记账和银行存款日记账；

（4）根据原始凭证、汇总原始凭证和记账凭证，登记各种明细分类账；

（5）根据记账凭证编制相关汇总记账凭证；

（6）根据各种汇总记账凭证登记总分类账；

（7）月末，库存现金日记账、银行存款日记账和明细分类账的记录与有关总分类账户记录核对相符；

（8）月末，根据总分类账和明细分类账的记录，编制财务报表。

汇总记账凭证账务处理程序如图 6-3 所示。

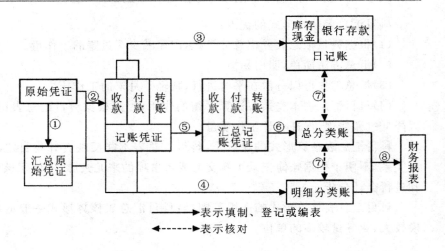

图 6-3　汇总记账凭证核算形式账务处理程序示意图

（一）汇总收款凭证的编制

1. 科目设置

汇总收款凭证是根据收款凭证汇总编制的，按照库存现金和银行存款科目的借方分别设置的，用来汇总一定时期内收款业务的一种汇总记账凭证。

为了便于对一定时期的收款凭证进行汇总，所有汇总收款凭证都应当与收款凭证的借方科目相对应，即将收款凭证的库存现金借方或者银行存款借方科目分别设置成汇总收款凭证的借方科目。

2. 金额汇总

汇总收款凭证的借方科目设置之后，定期将该时期所有的收款凭证，按照与库存现金借方或银行存款借方对应的贷方科目进行归类和汇总，计算出每一个贷方科目发生额合计数，填入汇总收款凭证中。

3. 汇总时间

汇总收款凭证一般应当五天或十天汇总一次，每月编制一张。月末时，结计出汇总收款凭证每个科目贷方发生额合计数，据以登记总分类账。

现以第三章南方有限责任公司 12 月汇总银行存款收款凭证的编制如表 6-9 所示。

表 6-9　汇总收款凭证

2010 年 12 月

借方科目：银行存款　　　　　　　　　　　　　　　　　第 2 号

贷方科目	金　额				记　账
	(1)	(2)	(3)	合　计	
实收资本	70 000			70 000	
短期借款	120 000			190 000	
长期借款	600 000			790 000	
预收账款		200 000	736 000	1 726 000	
其他业务收入			10 000	1 736 000	
应交税费			1 700	1 737 700	
应收票据			842 400	2 580 100	
投资收益			40 000	2 620 100	
合　计	790 000	200 000	1 630 100	2 620 100	

附：(1)自 01 日至 10 日,凭证自第 1 号至第 3 号,共 3 张;

(2)自 11 日至 20 日,凭证自第 4 号至第 4 号,共 1 张;

(3)自 21 日至 30 日,凭证自第 5 号至第 8 号,共 4 张。

(二)汇总付款凭证的编制方法

1.科目设置

汇总付款凭证是根据付款凭证汇总编制的,按照库存现金和银行存款科目的贷方分别设置的,用来汇总一定时期内付款业务的一种汇总记账凭证。

为了便于对一定时期的付款凭证进行汇总,所有汇总付款凭证都应当与付款凭证的贷方科目相对应,即将付款凭证的库存现金贷方或者银行存款贷方科目分别设置成汇总付款凭证的贷方科目。

2.金额汇总

汇总付款凭证的贷方科目设置之后,然后再定期地将需要汇总的所有付款凭证,按照与库存现金科目贷方或银行存款科目借方对应的借方科目进行归类和汇总,计算出每一个借方科目发生额合计数,填入汇总付款凭证中。

3.汇总时间

汇总付款凭证一般应当五天或十天汇总一次,每月编制一张。月末时,结计出汇总付款凭证每个科目借发生额合计数,据以登记总分类账。

现以第三章南方有限责任公司 12 月业务为例汇总银行存款付款凭证的编制如表 6-10 所示。

表 6-10　汇总付款凭证

2010 年 12 月

贷方科目：银行存款　　　　　　　　　　　　　　　　　　　　　　第 2 号

贷方科目	金　额				记　账
	（1）	（2）	（3）	合　计	
库存现金	70 300			70 300	
待摊费用	2 400			72 700	
固定资产		10 500		83 200	
营业外支出		1 000		84 200	
原材料		500 000	5 100	589 300	
应交税费		89 250		678 550	
在途物资		15 000		693 550	
财务费用		100		693 650	
销售费用			3 500	697 150	
应付账款			351 000	1 048 150	
预付账款			175 500	1 223 650	
合　计	72 700	615 850	535 100	1 223 650	

附：(1)自 0 1 日至 10 日，凭证自第 1 号至第 2 号，共 2 张；

(2)自 11 日至 20 日，凭证自第 3 号至第 7 号，共 5 张；

(3)自 21 日至 30 日，凭证自第 8 号至第 12 号，共 5 张。

南方有限责任公司 2010 年 12 月业务为例银行存款总分类账的登记如表 6-11 所示；其他总分类账户的登记从略。

表 6-11　总分类账

会计科目：银行存款

2010 年		凭证字号	摘　要	借　方		贷　方		借或贷	余　额
月	日			金　额	对方科目	金　额	对方科目		
12	01		月初余额					借	250 000
	31	汇收 2		70 000	实收资本			借	320 000
	31	汇收 2		120 000	短期借款			借	440 000
	31	汇收 2		600 000	长期借款			借	1 040 000
	31	汇收 2		936 000	预收账款			借	1 976 000
	31	汇收 2		10 000	其他业务收入			借	1 986 000
	31	汇收 2		1 700	应交税费			借	1 987 700
	31	汇收 2		842 400	应收票据			借	2 830 100
	31	汇收 2		40 000	投资收益			借	2 870 100
	31	汇付 2				70 300	库存现金	借	2 799 800
	31	汇付 2				2 400	待摊费用	借	2 797 400

续　表

2010 年		凭证字号	摘　要	借　方		贷　方		借或贷	余　额
月	日			金　额	对方科目	金　额	对方科目		
	31	汇付 2				10 500	固定资产	借	2 786 900
	31	汇付 2				1 000	营业外支出	借	2 785 900
	31	汇付 2				505 100	原材料	借	2 280 800
	31	汇付 2				89 250	应交税费	借	2 191 550
	31	汇付 2				15 000	在途物资	借	2 176 550
	31	汇付 2				100	财务费用	借	2 176 450
	31	汇付 2				3 500	销售费用	借	2 172 950
	31	汇付 2				351 000	应付账款	借	1 821 950
	31	汇付 2				175 500	预付账款	借	1 646 450
12	31		本月合计	2 620 100		1223650		借	1 646 450

（三）汇总转账凭证的编制

1.科目设置

汇总转账凭证是根据转账凭证汇总编制的,按照转账凭证中每一个贷方科目分别设置的,用来汇总一定时期内转账业务的一种汇总记账凭证。

为了便于对一定时期的转账凭证进行汇总,所有汇总转账凭证都应当与转账凭证的贷方科目相对应,即将转账凭证的各贷方科目分别设置成汇总转账凭证的贷方科目。

2.金额汇总

汇总转账凭证的贷方科目设置之后,再将需要汇总的所有转账凭证,按照与其贷方科目对应的借方科目进行归类和汇总,计算出每一个借方科目发生额合计数,填入汇总转账凭证中。

3.汇总时间

汇总转账凭证一般应当五天或十天汇总一次,每月编制一张。月末时,结计出汇总转账凭证每个科目借发生额合计数,据以登记总分类账。

必须指出的是:由于汇总转账凭证是一个贷方科目是与一个或者几个借方科目相对应的,所以,在汇总转账凭证核算形式下,为了便于编制汇总转账凭证,避免对借方科目的漏汇和重汇,所有转账凭证的填制应该是一个贷方科目同一个或多个借方科目相对应,不能以一个借方科目同几个贷方科目相对应。也就是说,可以填制一借一贷和一贷多借的转账凭证,而不能填制一借多贷和多借多贷的转账凭证。

第四节　明细分类账的登记

明细分类账,是根据总账科目设置,按其所属的明细科目开设,用以记录某一类经济业务详细核算资料的账簿。由于总分类账只能提供总括的资料,而明细分类账能够详细地、具体地反映经济活动情况和结果,对分类账起着辅助补充的作用。因此,任何单位都要根据具体情况设置必要的明细分类账,同时也为编制会计报表提供必要的明细资料。

明细分类账根据其所记录内容的性质和管理的要求不同,格式也就有所不同,主要有"三栏式"、"数量金额式"、"多栏式"。不同类型经济业务的明细分类账,可根据管理需要,依据记账凭证、原始凭证或原始凭证汇总表逐笔登记或定期汇总登记。

一、三栏式明细分类账的登记

(一)三栏式明细分类账的结构

三栏式明细分类账设置"借方"、"贷方"和"余额"三个栏目,分别用来登记金额的增加、减少和结余,不设数量栏,其格式如表 6-12 所示。

表 6-12　应收账款明细账

×年 月 日	凭证字号	摘　要	借方 亿千百十万千百十元角分	贷方 亿千百十万千百十元角分	借或贷	余额 亿千百十万千百十元角分
12 1		期初余额			借	2 3 4 0 0 0 0 0
3	记01	收回前欠账款		2 3 4 0 0 0 0 0	平	0
19	记15	赊销A产品	2 3 4 0 0 0 0		借	2 3 4 0 0 0 0

(二)三栏式明细分类账的登记

根据有关原始凭证和记账凭证逐日、逐笔进行借方和贷方金额登记,每笔登记完之后结出余额。如为借方余额,在"借或贷"栏目中填写"借"字;如为贷方余额,在"借或贷"栏目中则填写"贷"字。每月终了时,计算出全月借方发生额合计和贷方发生额合计,并结算出月末余额。

二、数量金额式明细分类账的登记

(一)数量金额式明细分类账的结构

数量金额式明细账是对具有实物形态的财产物资进行明细分类核算的账簿。该账簿账页在"收入"、"发出"、"结余"栏内,分设"数量"、"单价"、"金额"三个栏次。这种账簿适用于既需要核算金额又需要核算数量的各种财产物资科目,如"原材料明细分类账"、"库存商品明细分类账"、"包装物明细分类账"。其具体格式如表 6-13 所示。

表 6-13 原材料明细分类账户

类别:××　　　　　　　　　　　　　　　　　　　仓库:2 号库
名称:甲材料　　　　　　　　　　　　　　　　　　计量单位:千克

2010年		凭证字号	摘要	收入			发出			结存		
月	日			数量	单价	金额	数量	单价	金额	数量	单价	金额
9	1		期初余额							6 000	100	600 000
	6	转6	购入	2 000	100	200 000				8 000	100	800 000
	91	转7	生产领用				2 000	100	200 000	6 000	100	600 000
12	31		本期发生额及期末余额	2 000	100	200 000	2 000	100	200 000	6 000	100	600 000

(二)数量金额式明细分类账的登记

根据有关凭证进行登记"收入"、"发出"栏的数量、单价,同时计算出金额填入"金额"栏。每笔收入或发出数量、金额登记完毕后,计算出结存的数量和金额,填入其"数量"和"金额"栏。每月终了时,加算全月收入和发出的数量和金额合计,并结算出月末结存数量和金额。

三、多栏式明细分类账的设置与登记

(一)多栏式明细分类账的设置

多栏式明细分类账是根据企业经济业务和经营管理的需要,以及业务的性质、特点,在一张账页内设若干专栏,集中反映某一总账的各明细核算的详细资料。这种格式适用于成本费用、收入、利润科目,如"管理费用"、"生产成本"、"主营业务收入"等科目。其格式如表 6-14 所示。

表 6-14　生产成本明细账

产品品种:A产品

2010 年		凭证字号	摘　要	借方(成本项目)					余　额
月	日			直接材料	直接人工	其他直接费用	制造费用	合　计	
5	01		期初余额	23 000	7 000	6 120	2 000	38 120	38 120
	10	转 5	领用材料	60 000				60 000	98 120
	31	转 30	分配工资		18 000			18 000	116 120
	31	转 31	分配制造费用				5 000	5 000	121 120
	31		完工产品	69 000	19 000	5 800	6 500	100 300	20 820
5	31		本月合计	14 000	6 000	320	500	20 820	20 820

(二)多栏式明细分类账设置的登记

多栏式明细账是根据有关原始凭证、记账凭证、费用分配计算表进行登记。借方多栏明细分类账由于只在借方设多栏,平时在借方登记费用发生额,如果需要冲减有关费用的事项,可以在明细账中的借方以红字登记。贷方多栏明细分类账只在贷方设多栏,平时在贷方登记发生额,在借方登记月末将贷方发生额一次转出的数额。

四、总分类账户与明细分类账户的平行登记

总分类账是根据总分类科目开设,用以提供总括指标的账簿;明细分类账是根据明细分类科目开设,用于提供明细指标的账簿。两者反映的经济内容是相同的,只不过提供核算指标的详细程度不同;前者提供某类经济业务总括的核算指标,后者则提供某类经济业务详细的核算指标。总分类账控制、统驭明细分类账,即总分类账控制着明细分类账的核算内容和核算数据;明细分类账则对总分类账起着辅助和补充的作用。

为了使总分类账户与其属的明细分类账之间能起到统驭与补充的作用,便于账户核对,并确保核算资料的正确、完整,必须采用平行登记的方法,在总分类账及其所属的明细分类账中进行记录。平行登记,是指根据记账凭证一方面登记有关总分类账户,另一方面登记该总分类账所属的明细分类账户。平行登记的要点如下:

(1)同期登记。同期是指在同一会计期间,对每一项经济业务,在有关的总分类账户中进行总括登记的同时,要在有关的明细分类账中进行明细登记。

（2）方向一致。对经济业务的发生，在总分类账户登记借方金额，有关明细分类账户也应登记在借方；如果总分类账户登记在贷方，有关明细分类账户也应登记在贷方。有时记账工作上的特殊需要在总分类账户登记某一方向，而有关明细分类账用红字登记在账户的相反方向，也属于记账上的方向一致。

（3）金额相等。对每一项经济业务，记入总分类账户的金额，必须与记入有关明细分类账户的金额之和相等。

（4）依据相同。登记总分类账户是以记账凭证（或记账凭证汇总表、科目汇总表）为依据的，登记明细分类账户，必然以同一记账凭证及所附的原始凭证为依据。

根据平行登记规则记账后，总分类账户与明细分类账户之间产生下列数量关系：总分类账的借方（或贷方）本期发生额等于所属明细账借方（或贷方）本期发生额之和；总账期末余额等于所属明细分类账期末余额之和。在会计核算工作中，可以利用上述数量关系检查账簿记录的正确性。

【例 6-1】　南方有限责任公司 2010 年 12 月 1 日，Ⅰ型产品完工入库 1 000 件，单位成本 528.6 元/件，总成本 528 600 元；Ⅱ型产品完工入库 800 件，单位成本 703 元/件，总成本 562 400 元。当月 31 日，Ⅰ型产品销售 1 000 件，单位成本 528.6 元/件，总成本 528 600 元；Ⅱ型产品销售 700 件/件，单位成本 703 元，总成本 492 100元。

那么库存商品的总分类账与明细分类账的登记如表 6-15、6-16 和 6-17 所示。

表 6-15　库存商品明细分类账户

产品名称：Ⅰ型产品　　　　　　　　　　　　　　　　　　　　　单位：元

2010 年		凭证 字号	摘要	收入			发出			结存		
月	日			数量	单价	金额	数量	单价	金额	数量	单价	金额
12	01		期初余额							150	528.6	79 290
12	31	略	入库	1 000	528.6	528 600				1 150	528.6	607 890
12	31	略	销售				1 000	528.6	528 600	150	528.6	79 290
12	31		期末余额	1 000	528.6	528 600	1 000	528.6	528 600	150	528.6	79 290

表 6-16　库存商品明细分类账户

产品名称：Ⅱ型产品　　　　　　　　　　　　　　　　　　　　　　　　单位：元

2010 年		凭证	摘要	收入			发出			结存		
月	日	字号		数量	单价	金额	数量	单价	金额	数量	单价	金额
12	01		期初余额							70	703	49 210
12	31	略	入库	800	703	562 400				870	703	611 610
12	31	略	销售				700	703	492 100	170	703	119 510
12	31		期末余额	800	703	562 400	700	703	492 100	170	703	119 510

表 6-17　库存商品的总分类账

会计科目：库存商品　　　　　　　　　　　　　　　　　　　　　　　　单位：元

2010 年		凭证	摘要	借方	贷方	借或贷	余额
月	日	字号					
12	1		期初余额			借	128 500
12	31	略	入库	1 091 000		借	1 219 500
12	31	略	销售		1 020 700	借	198 800
12	31		期末余额	1 091 000	1 020 700	借	198 800

【例 6-2】　已知南方有限责任公司公司 2010 年 8 月 1 日 "其他应收款" 总账账户余额为 7 000 元，其所属明细账户为：丁鑫 4 000 元，李楠 3 000 元。

本月发生的与差旅费预借及报销相关的经济业务及会计分录如下：

①李楠报销差旅费 4 000 元，补付现金 1 000 元。

借：管理费用　　　　　　　　　　　　　　　　　　　　　4 000

　贷：其他应收款——李楠　　　　　　　　　　　　　　　　　3 000

　　　库存现金　　　　　　　　　　　　　　　　　　　　　　1 000

②丁鑫报销差旅费 3 600 元，余款退回现金 400 元。

借：库存现金　　　　　　　　　　　　　　　　　　　　　　400

　　管理费用　　　　　　　　　　　　　　　　　　　　　3 600

　贷：其他应收款——丁鑫　　　　　　　　　　　　　　　　　4 000

③丁鑫、李楠各借差旅费 2 000 元，以现金支付。

借：其他应收款——丁鑫　　　　　　　　　　　　　　　　2 000

　　　　　　　——李楠　　　　　　　　　　　　　　　　2 000

　贷：库存现金　　　　　　　　　　　　　　　　　　　　　4 000

④李楠报销差旅费1 600元,余款退回现金400元。

借:库存现金　　　　　　　　　　　　　　　　400

管理费用　　　　　　　　　　　　　　　1 600

贷:其他应收款——李楠　　　　　　　　　　　2 000

⑤李楠预借差旅费3 000元,以现金支付。

借:其他应收款——李楠　　　　　　　　　　3 000

贷:库存现金　　　　　　　　　　　　　　　3 000

根据以上资料采用平行登记的方法,登记"其他应收款"及其所属明细分类账(为了简化内容,采用 T 形账户登账)账户如下:

借方	其他应收款	贷方
期初余额:7 000		
	①3 000	
③4 000	②4 000	
⑤3 000		
	④ 2 000	
本期发生额:7 000	本期发生额:9 000	
期末余额:5 000		

图 6-4　其应收款账户

借　其他应收款——丁鑫　贷	
期初余额:4 000	② 4 000
③ 2 000	
本期发生额:2 000	本期发生额:4 000
期末余额:2 000	

借　其他应收款——李楠　贷	
期初余额:3 000	② 4 000
③ 2 000	
⑤ 3 000	本期发生额:4 000
本期发生额:2 000	本期发生额:5 000
期末余额:3 000	

图 6-5

第五节　错账的更正方法

在记账过程中,由于工作不慎,一旦发生账簿记录错误,不得采用涂改、挖补、刮擦、药水消除字迹等手段更正,也不允许重抄,而必须采用正确的方法更正。更正错账的方法有以下几种:

一、划线更正法

划线更正法,又称红线更正,适用于在结账前发现账簿记录中文字、数字有错误,而其所依据的记账凭证并无错误的情况。

更正的方法为:

(1)在错误的文字或数字上划一条红线,表示注销,但必须使原有字迹仍可辨认,以备查核。

(2)用蓝字将正确的文字或数字写在划线上方。

(3)由记账人员在更正处签名或盖章,以明确责任。

应注意以下几个方面:

(1)对于错误的数字,应当全部划红线更正,不得只更正其中的错误数字。例如,把 1234 误写成 1254 时,应将错误数字 1254 全部用红线注销并写上正确的数字,即 1234,而不能只删改一个"5"字。

(2)对于文字错误,可只划去并更正错误部分。例如,把预收账款误写为预付账款时,仅划去"付"字更正为"收"即可。

(3)在尚未登记账簿前,发现会计凭证中的文字或数字有误,原则上应重填凭证,但在会计实务中,也可采用划线更正法进行更正。

二、红字更正法

红字更正法,又称红字冲销,用红字记录表明对原有记录的冲减。一般适应于以下两种情况:

(1)记账以后,发现记账凭证中应借应贷记账方向、会计科目或金额有错误时,可采用红字更正法更正。更正时应用红字金额填制一份与原错误记账凭证会计科目、记账方向和金额相同的记账凭证,摘要栏内注明"订正×月×日×号凭证",并据以用红字登记账簿,从而冲销原来的错误记录;然后用蓝字金额重新填制一份正确的记账凭证,摘要栏注明"补记×月×日×号凭证"据以蓝笔或黑笔入账并据以用蓝字登记账簿。

【**例6-3**】　南方有限责任公司以银行存款偿还前欠华联企业的账款10 000元。该笔业务本应借记"应付账款"科目,但在编制记账凭证时,却误借记为"应收账款"科目,并已过账,其错误记账凭证反映的会计分录为:

借:应收账款　　　　　　　　　　　　　　　10 000
　　贷:银行存款　　　　　　　　　　　　　　　　　10 000

①对上述错误更正时,应先填制一张与原记账凭证内容完全相同的红字凭证,并据此过账。

借:应收账款　　　　　　　　　　　　　　　10 000
　　贷:银行存款　　　　　　　　　　　　　　　　　10 000

注:　　　表示框内为红字

②再按正常程序编制一张正确的记账凭证,并据此过账。

借:应付账款　　　　　　　　　　　　　　　10 000
　　贷:银行存款　　　　　　　　　　　　　　　　　10 000

③过账结果如图6-6所示。

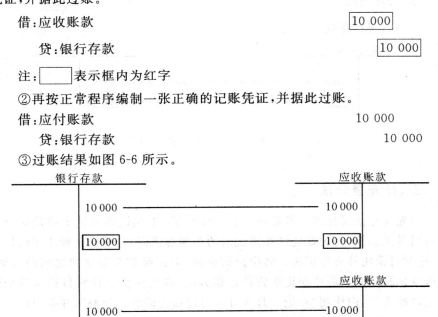

图 6-6　红字更正法

(2)在记账以后,发现记账凭证中应借应贷会计科目并无错误,而记账凭证和账簿记录的金额有错误,且所记金额大于应记金额,这时可采用红字更正法。将多记的金额(即正确数与错误数之间的差)用红字填写一张与原错误记账凭证记账方向、应借应贷会计科目相同的记账凭证,"摘要"栏内注明"冲销×月×日×号记账凭证多记金额",并据以记入账户,冲销多记金额,求得正确金额。

【**例6-4**】　南方有限责任公司以银行存款支付本月管理部门的水电费400元。该笔业务在填制记账凭证时,误记为4 000元,但会计科目、借贷方向

均无错误,并已过账,其错误记账凭证反映的会计分录为:

借:管理费用　　　　　　　　　　　　　　　　　　　　4 000

　　贷:银行存款　　　　　　　　　　　　　　　　　　　　　4 000

该会计分录借贷方向和会计科目正确,只是金额多记 3 600 元,这时只需填制一张与原记账凭证相同,金额为 3 600 元的红字凭证过账即可,过账结果如图 6-7 所示。

借:管理费用　　　　　　　　　　　　　　　　　　　　　3600

　　贷:银行存款　　　　　　　　　　　　　　　　　　　　　3600

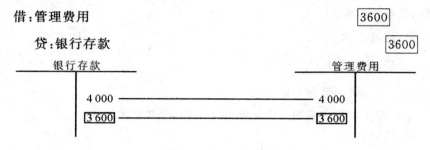

图 6-7　红字更正法

三、补充登记法

补充登记法又称蓝字补记法。在记账以后,发现记账凭证中应借应贷会计科目并无错误,而记账凭证账簿记录的金额有错误,且所记金额小于应记金额,这时可采用补充登记法。将少记的金额(即正确数与错误数之间的差额)用蓝字填写一张与原错误记账凭证记账方向、应借应贷会计科目相同的记账凭证,“摘要”栏内注明“补记×月×日×号记账凭证少记金额”,并据以记入账户,补记少记金额,求得正确金额。

【例 6-5】　南方有限责任公司从银行提取现金 500 元。该笔业务在填制记账凭证时,误记为 50 元,但会计科目、借贷方向均无错误,并已过账,其错误记账凭证反映的会计分录为:

借:库存现金　　　　　　　　　　　　　　　　　　　　50

　　贷:银行存款　　　　　　　　　　　　　　　　　　　　　50

该会计分录借贷方向和会计科目正确,只是金额少记 450 元,这时只需填制一张与原记账凭证相同,金额为 450 元的蓝字凭证入账即可,过账结果如图 6-8 所示。

借:库存现金　　　　　　　　　　　　　　　　　　　　450

　　贷:银行存款　　　　　　　　　　　　　　　　　　　　　450

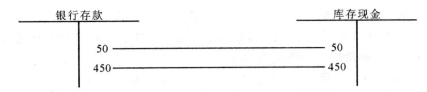

图 6-8 补充登记法

课后练习

一、单项选择题

1. 从银行提取现金时,登记库存现金日记账的依据是(　　)。
　　A. 现金收款凭证　　　　　　　B. 现金付款凭证
　　C. 银行存款收款凭证　　　　　D. 银行存款付款凭证

2. 对于将现金存入银行的业务登记银行存款日记账的依据是(　　)。
　　A. 现金收款凭证　　　　　　　B. 现金付款凭证
　　C. 银行存款收款凭证　　　　　D. 银行存款付款凭证

3. 已知企业月初库存甲产品 300 件,单位生产成本 30 元/件,6 日销售发出甲产品 100 件,价格 50 元/件,应根据出库单登记甲产品明细分类账的方法是(　　)。
　　A. 以单价 30 元/件在借方登记　　B. 以单价 30 元/件在贷方登记
　　C. 以单价 50 元/件在借方登记　　D. 以单价 50 元/件在贷方登记

4. 各种账务处理程序之间的主要区别在于(　　)。
　　A. 原始凭证的种类和格式不同
　　B. 登记日记账和明细账的程序和方法不同
　　C. 登记总账的程序和方法不同
　　D. 汇总的记账凭证格式和方法不同

5. 科目汇总表与汇总记账凭证的共同优点是(　　)。
　　A. 保持科目之间的对应关系　　B. 简化总分类账的登记工作
　　C. 进行发生额试算平衡　　　　D. 总括反映同类经济业务

6. 登记库存现金日记账时,误将记账凭证中的"300"抄成"3 000",应采用(　　)更正。
　　A. 划线更正法　　　　　　　　B. 红字更正法

C.补充登记法　　　　　　　　D.蓝字更正法

7.在结账以前,如果发现账簿记录中的数字或文字错误,属于过账笔误和计算错误,可采用(　　)进行更正。

A.划线更正法　　　　　　　　B.红字更正法

C.补充登记法　　　　　　　　D.撕掉重填

8.会计人员在填制记账凭证时,将650元错记为560元,并且已登记入账,月末结账时发现此笔错账,更正时应采用的便捷方法是(　　)。

A.划线更正法　　　　　　　　B.红字更正法

C.补充登记法　　　　　　　　D.核对账目的方法

9.下列项目中,(　　)是连接会计凭证和会计报表的中间环节。

A.复式记账　　　　　　　　　B.设置会计科目和账户

C.设置和登记账簿　　　　　　D编制会计分录

10.用转账支票归还前欠A公司货款5 000元,会计人员编制的记账凭证为:借记应收账款5 000元,贷记银行存款5 000元,审核并已登记入账,该记账凭证(　　)。

A.没有错误　　　　　　　　　B.有错误,使用划线更正法更正

C.有错误,使用红字冲销法更正　D.有错误,使用补充登记法更正

二、多项选择题

1.总分类账户和明细分类账户平行登记的基本要点是(　　)。

A.登记的原始依据相同　　　　B.登记的次数相同

C.登记的方向相同　　　　　　D.登记的会计期间相同

E.登记的金额相同

2.登记银行存款日记账的依据有(　　)。

A.现金收款凭证　　　　　　　B.现金付款凭证

C.银行收款凭证　　　　　　　D.银行付款凭证

E.转账凭证

3.在不同会计核算程序下,下列可以作为登记总分账依据的有(　　)。

A.记账凭证　　　　　　　　　B.科目汇总表

C.汇总记账凭证　　　　　　　D.原始凭证

4.下列应采用多栏式明细账的有(　　)。

A.原材料　　　　　　　　　　B.生产成本

C.管理费用　　　　　　　　　D.材料采购

E.应付账款

5."红字更正法"适用于( )。

A.记账前,发现记账凭证上的文字或数字有误

B.记账后,发现原记账凭证上应借应贷科目填错

C.记账后,发现原记账凭证上所填金额小于应填金额

D.记账后,发现原记账凭证上所填金额大于应填金额

E.账簿上数字计算错误

6.库存现金日记账由出纳人员根据现金的收、付凭证,逐日、逐笔、顺序登记,下列可以作为借方登记依据的是 ( )。

A.现金收款凭证   B.现金付款凭证

C.银行存款收款凭证   D.银行存款付款凭证

7.明细分类账可以根据( )登记。

A.原始凭证   B.汇总原始凭证

C.累计凭证   D.记账凭证

8.下列情况可以用红色墨水记账的是( )。

A.按照红字冲账的记账凭证,冲销错误记录

B.在不设借贷等栏的多栏式账页中,登记减少数

C.在三栏式账户的余额栏前,印明余额的方向的,在余额栏内登记负数余额

D.在三栏式账户的余额栏前,未印明余额的方向的,在余额栏内登记负数余额

9.在采用汇总记账凭证账务处理的企业,为了便于转账凭证的汇总,只允许编制的转账分录形式是( )。

A.一借一贷   B.一借多贷

C.一贷多借   D.多贷多借

10.下列属于序时账的是( )。

A.现金日记账   B.银行存款日记账

C.应收账款明细账   D.主营业务收入明细账

11.总分类账户和明细分类账户平行登记要点( )。

A.同时登记   B.记账依据相同

C.同方向登记   D.等金额登记

三、判断题

1.登记账簿是编制财务会计报告的前提和依据。   ( )

2.红色墨水只能在划线、改错和冲账时使用。   ( )

3.凡需要结出余额的账户,结出余额后,应当在"借或贷"栏内写明"借"或"贷"字样,以表示余额的方向。   (   )

4.备查账可以为某些经济业务的内容提供必要的补充资料,它没有统一的格式,各单位可根据实际工作的需要来设置。   (   )

5.在结账前若发现账簿记录有错而记账凭证无错,即过账笔误或账簿数字计算有错误,可用划线更正法进行更正。   (   )

6.汇总记账凭证账务处理程序保持了账户之间的对应关系。   (   )

7.记账凭证账务处理程序适用于规模较小,业务较多的单位。   (   )

8.总分类账一般采用订本式的三栏式账页。   (   )

9.库存现金日记账的借方是根据收款凭证登记的,贷方是根据付款凭证登记的。   (   )

10.明细分类账一般根据记账凭证直接登记,但个别明细分类账可以根据原始凭证登记。   (   )

四、业务练习题

练习一

目的:练习总账与明细账的平行登记。

资料:某企业"应收账款"账户下设"甲公司"、"乙公司"、"丙公司"三个明细账户。2010年3月初,"应收账款"账户期初余额为4 500元,其中应收甲公司2 000元,应收乙公司1 800元,应收丙公司700元。3月份,"应收账款"账户的业务如下:

1.1日,销售价值1 000元的A产品给甲公司,企业尚未收到货款。

2.5日,甲公司归还所欠本单位货款1 200元,送存银行。

3.12日,销售价值4 200元的C产品给丙公司,企业暂未收到货款。

4.16日,销售价值3 200元的B产品给甲公司,价值2 100元的B产品给乙公司,企业暂未收到货款。

5.23日,丙公司归还所欠本单位货款700元,送存银行。

6.28日,销售价值2 200元的C产品给丙公司,企业暂未收到货款。

要求:根据上述资料进行"应收账款"总账与明细账的平行登记,并将总账账户本期发生额及余额进行核对。

练习二

目的:练习错账的更正。

资料:某企业2010年3月末对账时发现以下记录错误:

1.5日,采购员李利出差,暂借款500元,以现金支付。记账凭证中记录的会计分录如下,并据以入账。

借:其他应收款 5 000
　贷:库存现金 5 000

2.10日,以银行存款1 200元支付企业下半年报刊订阅费。记账凭证中记录的会计分录如下,并据以入账。

借:管理费用 1 200
　贷:银行存款 1 200

3.23日,以银行存款偿还前欠四方企业的账款10 000元。记账凭证中记录的会计分录如下,并据以入账。

借:应付账款 1 000
　贷:银行存款 1 000

4.25日,从银行提取现金1 500元。记账凭证中记录的会计分录如下,登记账簿时,"库存现金"账户的金额为150元。

借:库存现金 1 500
　贷:银行存款 1 500

要求:判断以上错误记录应采用何种更正方法并进行更正。

第七章　期末处理

在将日常发生的各项经济业务登记入账的基础上,期末要对会计资料作进一步的加工,即所谓的期末处理。首先根据权责发生制原则,采用折旧、摊销、预提等方式调整本期的收入和费用,然后根据企业会计制度规定和成本计算的要求计算并结转成本;结转损益;确认本期财务成果;并进行利润分配;最后在对账无误后,进行结账并根据相关账簿记录编制会计报表,同时将本期形成的会计档案整理归档。

第一节　期末账务处理

各单位日常发生的各项经济业务,一般都有明确而具体的业务内容,在业务发生或完成时,业务经办人员必须取得或填制原始凭证,用来记录经济业务的具体内容,以及明确业务经办人员的经济责任。当原始凭证传递到会计部门后,会计人员根据原始凭证作出相应的账务处理。

而期末账务处理,是根据会计假设、会计准则、会计制度及成本核算方法的要求,所进行的账项调整及结转,易出现错漏,更加依赖于会计人员的职业判断。因此,在进行期末账务处理时,应尽可能地将调整依据编制成诸如"工资费用分配表"、"摊销表"、"折旧计算表"、"成本计算表"、"税金计算表"等,以便于查证。

一、账项调整

由于日常账簿记录是根据有关原始凭证反映的交易或事项来记录收入和费用,而有些交易事项虽然在本期没有收到或支付款项,没有取得原始凭证,但根据权责发生制原则应在本期确认收入或费用,应计入相关的账户;有的款项虽然本期收到但却不属于本期的收入,不应计入本期的收入账;有些款项虽然本期支付但不属于本期的费用,不应计入本期的费用账。所以需要在期末结账前,按照权责发生制原则要求对日常的账簿记录进行调整,从而为决策者提供真实、可靠的信息,便于管理者作出正确的经营决策。

期末账项调整是会计期末结账前,为比较真实地反映企业的经营成果和财务状况,按照权责发生制原则要求,对有关会计事项予以调整的会计行为。

在下面的业务中,可能有些业务在前面已提及,之所以在这里又重新提到,是因为重点强调这些业务是期末业务。

(一)期末计提折旧

固定资产的折旧是指固定资产在使用过程中逐渐损耗而消失的那部分价值。固定资产损耗的这部分价值,应当在固定资产的有效使用年限内进行分摊,形成折旧费用,记入各期成本。

企业应当按月计提固定资产折旧,当月增加的固定资产,当月不计提折旧,从下月起计提折旧;当月减少的固定资产,当月仍计提折旧,从下月起停止计提折旧。固定资产提足折旧后,不管能否继续使用,均不再提取折旧;提前报废的固定资产,也不再补提折旧。

【例 7-1】　2010 年 3 月 31 日,南方有限责任公司计提取本月固定资产折旧。企业财会人员应编制"固定资产折旧计算表",如表 7-1 所示。

表 7-1　固定资产折旧计算表

2010 年 03 月 31 日　　　　　　　　　　　　　　　　单位:元

使用单位、部门		上月固定资产折旧额	上月增加固定资产应计提旧额	上月减少固定资产应计提旧额	本月应计提的固定资产折旧额
生产车间	一车间	35 000	20 000	—	55 000
	二车间	45 000	—	1 000	44 000
厂部管理部门		15 000	13 000	9 000	19 000
合　计		95 000	33 000	10 000	118 000

会计:　　　　　　　　　审核:　　　　　　　　　制单:

根据本期固定资产折旧资料,编制如下记账凭证并据以登记入账:

借:制造费用——一车间　　　　　　　　　　　55 000
　　　　　　——二车间　　　　　　　　　　　44 000
　　管理费用　　　　　　　　　　　　　　　　19 000
　　贷:累计折旧　　　　　　　　　　　　　　　　　　118 000

(二)期末摊销费用

【例 7-2】　2010 年 3 月 31 日,南方有限责任公司摊销应由本月负担的待摊费用及长期待摊费用。企业财会人员应编制"待摊费用及长期待摊费用分配表",如表 7-2 所示。

表 7-2　待摊费用及长期待摊费用分配表

2010 年 03 月 31 日　　　　　　　　　　　　　　　　单位:元

应贷科目 ＼ 应借科目		生产成本	制造费用	管理费用	合　计
待摊费用	汽车保险费			430	430
	报纸杂志			100	100
	小　计			530	530
长期待摊费用	装修费	1 580			1 580
	小　计	1 580			1 580
合　计		1 580	530		2 110

会计:　　　　　　　审核:　　　　　　　　　　　制单:

根据以上原始凭证,编制如下记账凭证并据以登记入账:

借:管理费用——汽车保险费　　　　　　　　　　　　430

　　　　　——报纸杂志费　　　　　　　　　　　　100

　制造费用—房屋装修费　　　　　　　　　　　　1 580

　贷:待摊费用——汽车保险费　　　　　　　　　　　　430

　　　　　　——报纸杂志费　　　　　　　　　　　　100

　　　长期待摊费用——装修费　　　　　　　　　　　　1 580

(三)计提应付职工薪酬

【例 7-3】　2010 年 3 月 31 日,南方有限责任公司根据"工资结算汇总表"(略)编制的"工资费用分配汇总表",如表 7-3 所示。

表 7-3　工资费用分配汇总表

2010 年 03 月 31 日　　　　　　　　　　　　　　　　单位:元

车间、部门		应分配金额
车间生产人员	生产甲产品	560 000
	生产乙产品	330 000
	车间生产人员工资小计	890 000
车间管理人员		35 000
厂部管理人员		55 000
合　计		980 000

会计:　　　　　　　审核:　　　　　　　　　　　制单:

根据以上原始凭证,编制如下记账凭证并据以登记入账:

```
借:生产成本——甲产品                    560 000
        ——乙产品                    330 000
    制造费用                           35 000
    管理费用                           55 000
    贷:应付职工薪酬——工资                     980 000
```

（四）计提相关税费

由于税收申报和缴纳程序的影响,企业期末会有本月应缴但尚未入账的相关税金,应予以计提并登记入账。

【例 7-4】　2010 年 3 月 31 日,南方有限责任公司根据本月应交增值税、营业税、消费税计算本月应交城建税及教育费附加,如表 7-4 所示。

表 7-4　应交城建税及教育费附加计算表

2010 年 03 月 31 日　　　　　　　　　　　　　　　　　单位:元

项　目	计税金额	税　率	本月应交数
应交城建税	4 111.99	7%	287.84
应交教育费附加	4 111.99	3%	123.36
合　计	——		411.20

会计:　　　　　　审核:　　　　　　制单:

根据以上原始凭证,编制如下记账凭证并据以登记入账:
```
借:营业税金及附加                      411.20
    贷:应交税费——应交城建税                   287.84
                ——应交教育费附加               123.36
```

（五）分配制造费用

制造费用是产品生产成本的组成部分,平时发生的制造费用因无法分清应由哪一种产品负担,因此直接归集在"制造费用"账户的借方,期末时,再将本期"制造费用"账户借方所归集的制造费用总额,按照一定的标准(如生产工人工资比例、生产工人工时比例或机器工时比例),采用一定的分配方法,在各种产品之间进行分配,计算出某种产品应负担的制造费用,然后,再从"制造费用"账户的贷方转入"生产成本"账户的借方。

【例 7-5】　2010 年 3 月 31 日,南方有限责任公司根据"制造费用"明细账户的借方发生额及有关生产工人工时统计资料计算后,填制"制造费用分配表",如表 7-5 所示。

表 7-5 制造费用分配表

车间:生产车间   2010 年 03 月 31 日   单位:元

分配对象	分配标准(生产工人工资)	分配率	分配金额
甲产品	560 000	1.20	672 000
乙产品	330 000	1.20	396 000
合 计	890 000	——	1 068 000

会计: 审核: 制单:

根据以上原始凭证,编制如下记账凭证并据以登记入账:

借:生产成本——甲产品   672 000

　　　　——乙产品   396 000

　　贷:制造费用   1 068 000

(六)计算并结转本月完工产品成本

月末根据生产成本明细账及完工产品入库单,计算出本月完工产品成本。

【例 7-6】 2010 年 3 月 31 日,南方有限责任公司"产品成本计算表"如表 7-6 所示。

表 7-6 A 产品成本计算表

本月完工:800 套

2010 年 03 月 31 日

月末在产品:200 套

项 目	直接材料	直接人工	制造费用	合 计
月初在产品成本	368 000	86 000	23 000	477 000
本月发生费用	952 000	216 000	157 000	1 325 000
合 计	1 320 000	302 000	180 000	1 802 000
完工产品总成本	1 056 000	241 600	144 000	1 441 600
单位成本	1 320	302	180	1 802
月末在产品成本	264 000	60 400	36 000	360 400

会计: 审核: 制单:

根据以上原始凭证,编制如下记账凭证并据以登记入账:

借:库存商品—— A 产品   1 441 600

　　贷:生产成本—— A 产品   1 441 600

(七)计算并结转本期销售产品成本

根据本期销售产品的出库单及库存商品明细分类账,计算本期销售产品的实际生产成本,并将其结转入"主营业务成本"账户。

【例 7-7】 2010 年 3 月 31 日,南方有限责任公司"产品出库单"如表 7-7

所示。

表 7-7　产品出库单

购货单位:盈智有限责任公司　　日期:2010 年 3 月 31 日　　　　编号:

用　途	产品名称及规格	单　位	数　量	单位成本	总成本	备　注
销售	A 产品	套	100	1 802	180 200	
合　计			100	1 802	180 200	

主管:　　　　　　　会计:　　　　　　　保管员:

根据以上原始凭证,编制如下记账凭证并据以登记入账:

借:主营业务成本——A 产品　　　　　　　　　　180 200

　　贷:库存商品——A 产品　　　　　　　　　　　　　　180 200

(八)结转损益,确认本期财务成果

根据相关规定,企业应分期结算账目,计算当期损益,具体步骤为:

(1)将本期取得的各项收入结转到"本年利润"账户。

【例 7-8】 2010 年 3 月 31 日,南方有限责任公司结账前各损益账户金额如表 7-8 所示。

表 7-8

单位:元

账　户	借方金额	账　户	贷方金额
主营业务成本	361 480	主营业务收入	588 920
其他业务成本	32 000	其他业务收入	52 000
营业税金及附加	3 866	营业外收入	12 000
销售费用	45 000		
管理费用	86 320		
财务费用	6 500		
营业外支出	8 000		

结转本期收入时编制如下记账凭证:

借:主营业务收入　　　　　　　　　　　　　　588 920

　　其他业务收入　　　　　　　　　　　　　　52 000

　　营业外收入　　　　　　　　　　　　　　　12 000

　　　贷:本年利润　　　　　　　　　　　　　　　　652 920

结转本期费用时编制如下记账凭证:

借:本年利润　　　　　　　　　　　　　　　　543 166

	贷:主营业务成本	361 480
	其他业务成本	32 000
	营业税金及附加	3 866
	销售费用	45 000
	管理费用	86 320
	财务费用	6 500
	营业外支出	8 000

本期利润总额＝652 920－543 166＝109 754(元)

(2)计算并结转所得税。

【例 7-9】 2010 年 3 月 31 日,南方有限责任公司根据本期的利润总额,按本企业适用的所得税率计算并结转本月应交所得税,如表 7-9 所示。

表 7-9　应交税费计算表

2010 年 03 月 31 日　　　　　　　　　　　　　　　单位:元

项　目	计税依据	税　率	应交金额
所得税	109 754	25%	27 438.50

会计主管:　　　　　　　　　复核　　　　　　　制表:

根据以上原始凭证,编制如下记账凭证并据以登记入账:

借:所得税费用	27 438.50
贷:应交税费——应交所得税	27 438.50
借:本年利润	27 438.50
贷:所得税费用	27 438.50

本期净利润＝109 754－27 438.50＝ 82 315.50(元)

(九)利润分配

企业的税后利润可以根据相关法规制度的规定及投资者的决议进行分配。

【例 7-10】 南方有限责任公司根据利润分配的情况编制记账凭证并据以登记入账:

(1)按本年净利润的 10% 计提法定盈余公积。

借:利润分配——提取法定盈余公积	566 780
贷:盈余公积——法定盈余公积	566 780

(2)按期初投资比例,将本年净利润的 30% 分配给投资者。

借:利润分配——应付现金股利	1 530 306
贷:应付股利——××公司	1 530 306

（十）年末账目结转

在每个会计年度结束时,企业应将"本年利润"及"利润分配"的各明细账户的余额,全额结转到"利润分配——未分配利润"账户中。也就是说,"本年利润"及"利润分配"下属各明细科目中除"未分配利润"外,年末均应无余额。

【例7-11】　南方有限责任公司结转时,编制如下记账凭证并据以登记入账:

（1）结转"本年利润"余额。

借:本年利润	5 667 800
贷:利润分配——未分配利润	5 667 800

（2）结转"利润分配"各明细账户余额。

借:利润分配——未分配利润	2 097 086
贷:利润分配——提取法定盈余公积	566 780
——应付现金股利	1 530 306

第二节　对　账

对账就是核对账目,是在结账前,进行账簿记录和会计凭证之间、各种账簿之间、账簿记录和实物及货币资产实际结存数之间的核对。会计账簿是编制会计报表的重要依据,账簿记录是否正确将直接影响会计报表的质量,因此,为了保证账簿记录的真实准确,在记账后必须做好对账工作。对账的主要内容包括账证核对、账账核对和账实核对三个方面。

一、账证核对

账证核对是指各种账簿（包括总账、明细账及库存现金、银行存款日记账）的记录与有关的记账凭证和原始凭证进行核对,要求做到账证相符。账证核对主要是在填制和审核记账凭证及在日常的记账过程中进行的,它能使错误得到及时地发现和更正。账证相符是保证账账、账实相符的基础。

二、账账核对

账账核对是指核对不同会计账簿之间的账簿记录是否相符。账簿之间既有分工,又有衔接,各种账簿之间的这种衔接关系叫账簿的勾稽关系。通过账账核对,可以检查、验证账簿间数据的勾稽关系,从而及时发现问题,纠正错误。账账核对至少每个月的月末进行一次。具体核对的内容包括:

（一）总分类账簿有关账户的余额核对

按照"资产＝负债＋所有者权益"这一会计等式和借贷记账法的"有借必有贷,借贷必相等"的记账规则,总分类账簿各账户的期初余额、本期借方发生额、本期贷方发生额及期末余额之间存在平衡关系,各账户的期末借、贷方余额合计数之间也存在平衡关系,可以检查总账记录是否正确、完整。

（二）总分类账簿与所属的明细分类账户核对

总分类账各账户的期末余额与所属各明细分类账户的期末余额之和核对相符,总分类账各账户的本期发生额与所属各明细分类账户的本期发生额之和核对相符。

（三）总分类账与日记账核对

总分类账中"库存现金"、"银行存款"账户应与"库存现金日记账"、"银行存款日记账"核对相符。

（四）会计部门的财产物资明细账与财产物资保管和使用部门的有关明细账核对

财产物资明细账一般会设置在不同的保管、使用或管理等部门,要定期编制收、发、存汇总表,报会计部门进行核对,主要核对会计部门的各种财产物资明细账期末余额与财产物资保管和使用部门的有关财产物资明细账期末余额是否相等。

三、账实核对

账实核对是指在账账核对的基础上各种财产物资的账面余额应与实存数额核对相符。这一核对方法称为财产清查。

（一）财产清查概念

财产清查是对各项财产、物资进行实地盘点和核对,查明财产物资、货币资金和往来款项的实有数额,确定其账面结存数额和实际结存数额是否一致,以保证账实相符的一种会计专门方法。

会计核算要以真实的经济业务为对象,如实反映企业财务状况和经营成果,提供客观的会计核算指标,这是会计核算的一般原则。因此,在会计核算工作中,加强对会计凭证的日常审核,定期进行账证核对、账账核对,在一定程度上能保证账簿记录本身的正确性,但账簿记录的正确并不能保证其反映的财务状况和经营成果的客观真实。在实际工作中通常会出现下列情况:

（1）财产物资在保管过程中发生自然损耗,如干耗、破损、霉烂等;

（2）由于计量检验器具不准确，造成财产物资收发时出现品种上或数量上的计量错误；

（3）保管人员在收发中发生计算或登记的差错；

（4）会计人员记账时出现差错；

（5）因管理不善或责任人失职造成了变质、短缺等损失；

（6）不法分子贪污盗窃、营私舞弊造成的损失；

（7）遭受了自然灾害，如水灾、火灾等。

上述情况的发生，往往会造成某些财产物资的实存数与账存数不符。所以财产清查的目的，就是要查明并保证各资产项目账实的一致性。

（二）财产清查的种类

财产清查按不同分类标准，可分为不同的类别。

1.按财产清查的范围，可分为全面清查和局部清查两种

（1）全面清查。即对企业所有的财产物资及往来款项进行全面的清查、盘点和核对。全面清查涉及的范围较大，包括货币资金、存货、固定资产等财产物资，应收、应付等往来款项及各种借款，内容多、范围广、参与人员多、工作量较大。一般来说，在以下几种情况下，需要进行全面清查：

①年终决算之前；

②法定进行的清产核资或资产评估；

③企业单位撤销、合并、破产清算或改变隶属关系；

④中外合资、国内合资前；

⑤企业股份制改制前；

⑥单位主要领导调离工作前。

（2）局部清查。即根据实际需要，对部分财产物资及往来款项进行盘点和核对。主要是对货币资金、存货等流动性较大的财产的清查。具体包括以下几种情况：

①库存商品、材料物资等，除了年度清查外，年内还要轮流盘点或重点抽查一次；

②对于各种贵重物资，每月应清查盘点一次；

③对于银行存款和银行借款，每月同银行核对一次；

④对于库存现金，由出纳人员当日清点核对；

⑤对于各种往来款项，每年至少要核对一至两次。

各种财产物资的保管人员调动时，对其保管的财产物资要进行离岗清查。

2.按财产清查的时间,可分为定期清查和不定期清查

(1)定期清查。即按照预先安排的时间对财产物资、货币资金和往来款项进行盘点和核对。这种清查通常在年末、季末、月末结账时进行。定期清查根据不同需要,可以全面清查,如年终决算前的清查;也可以局部清查,如营业终了的现金清查、每月末的银行存款的核对等。一般情况下,年末进行全面清查,季末、月末则只进行局部清查。

(2)不定期清查。即事先未规定好清查日期,根据实际需要而进行的临时性清查。一般在以下情况下进行:

①更换财产物资和库存现金保管人员时,为分清经济责任,需对有关人员所保管的财产物资和库存现金进行清查;

②发生非常灾害和意外损失时,要对受灾损失的财产进行清查,以查明损失情况;

③上级主管部门、财政和审计部门,要对本单位进行会计检查时,应按检查要求及范围进行清查,以验证会计资料的真实可信;

④进行临时性的清产核资等工作时。

根据上述情况进行不定期清查,其对象和范围可以是全面清查,也可以是局部清查,应根据实际需要而定。

(三)财产清查的一般程序

为了做好财产清查工作,使其发挥应有的作用,在进行清查时,必须按照一定的程序。财产清查的一般程序如下:

(1)建立财产清查组织。清查组织应由单位领导和财务会计、业务、仓库等有关部门的人员组成,一般应由管理层研究制订财产清查计划,确定工作进度、方式和方法。

(2)组织清查人员学习有关政策规定,掌握有关法律、法规和相关业务知识,以提高财产清查工作的质量。

(3)确定清查对象、范围,明确清查任务。

(4)制定清查方案,具体安排清查内容、时间、步骤、方法,以及必要的清查前准备。

(5)清查时本着先清查数量、核对有关账簿记录等,后认定质量的原则进行。

(6)填制盘存清单。清查人员要做好盘点记录,填制盘存清单,列明所查财产物资的实存数量和款项及债权债务的实有数额。

(7)根据盘存清单填制实物、往来账项清查结果报告表。

（四）财产清查的内容和方法

1.货币资金的清查

货币资金包括库存现金、银行存款和其他货币资金。

（1）库存现金的清查。即是通过实地盘点的方法，确定库存现金的实存数，再与库存现金日记账余额相核对，以查明库存现金的盈亏情况。库存现金的盘点应由清查人员会同现金出纳人员共同负责。其清查内容和方法如下：

①在清查前，出纳员应将收、付款凭证全部登记入账，并结计出余额。

②盘点时，出纳人员必须在场，逐张查点库存现钞。如发现库存现金盘盈或盘亏时，应与出纳人员当场核实其数额。同时还要查明现金管理制度的执行情况，如是否有挪用现金，有无白条抵库，现金库存是否超过银行核定限额，有无坐支现金等现象。

③盘点结束后，根据盘点结果和库存现金日记账余额编制"库存现金盘点报告表"（格式见表7-10），并由清查人员和出纳员签章，作为调整账簿记录的重要原始凭证，也是分析账实差异原因，明确经济责任的依据。

表7-10　库存现金盘点报告表

单位名称：　　　　　　　　　　年　月　日

币　别	实存金额	账存金额	对比结果		备　注
			盘　盈	盘　亏	
人民币					

盘点人：王清　　　　　　　　　　　　　　　　　　出纳员：李丽莉

（2）银行存款的清查。即采用与银行核对账目的方法来进行的。将银行对账单与单位银行存款日记账相互核对，以查明银行存款是否正确。银行存款应至少每月与银行核对一次。

一般来说，造成银行对账单与单位银行存款日记账不符的原因，主要有两个方面：一是双方或一方记账有误；二是存在未达账项。

所谓"未达账项"是指由于结算凭证传递时间的原因，造成企业与银行双方之间对于同一项业务，一方已经入账，而另一方尚未入账的款项。未达账项主要有以下四种类型：

①企业存入银行的款项，企业已经作为银行存款入账，而开户银行尚未办妥手续，未记入企业存款户，简称"企已收银未收"。

②企业开出支票或其他付款凭证，已作为银行存款减少登记入账，而银行尚未支付或办理，未记入企业存款户，简称"企已付银未付"。

③企业委托银行代收的款项或银行付给企业的利息,银行已收妥入账,增加企业存款,而企业没有接到有关凭证尚未入账,简称"银已收企未收"。

④银行代企业支付款项后,已作为款项减少记入企业存款户,但企业没有接到通知尚未入账,简称"银已付企未付"。

上述任何一种情况的发生,都会导致企业银行存款日记账的余额与银行对账单的余额不一致。因此,在对银行存款的清查中,除了对发现记账造成的错误要及时进行处理外,还应注意有无未达账项。如果发现有未达账项,应通过编制"银行存款余额调节表"予以调节,以检验双方的账面余额是否相符。

【例 7-12】　南方有限责任公司 2010 年 1 月 31 日的银行存款日记账的余额为 142 700 元,银行对账单上的存款余额为 160 100 元,经逐笔核对,发现未达账项有:

①企业月末存入的转账支票 11 600 元,银行尚未入账;

②企业开出支付货款的支票 4 200 元,银行尚未入账;

③银行代收销货款 36 000 元,企业尚未接到通知未入账;

④银行代付电话费 11 200 元,企业尚未入账。

根据上述未达账项,可编制"银行存款余额调节表",如表 7-11 所示。

表 7-11　银行存款余额调节表

项　目	金　额	项　目	金　额
银行对账单存款余额: 加:企业已存入,银行尚未 转账的支票	160 100 11 600	企业银行存款账面余额: 加:银行已代收的销货款	142 700 36 000
减:企业已开出,银行尚未 收到的转账支票	4 200	减:银行已付的电话费	11 200
调节后的余额	167 500	调节后的余额	167 500

经过调整后的左右方余额已经消除了未达账项的影响。如果双方账目没有其他差错存在,左右双方调节后的余额必定相符。如不相符,则表明还存在差错,应进一步查明原因,予以更正。此外,应该注意的是,调节后的银行存款余额并不能作为调整账簿记录的依据。不能据此将未达账项登入银行存款账,而应在收到银行的收付款通知后,方可进行账务处理。"银行存款余额调节表"通常作为清查资料与银行对账单一并附在当月银行存款日记账后保存。

上述对银行存款的清查方法,同样适用于对银行借款的清查。通过对银行借款的清查,可以检查企业的银行借款是否按规定用途加以使用,是否按期归还等。

2.实物资产的清查

(1)财产物资盘存制度。即在日常会计核算中采取什么方式来确定各项财产物资的账面结存额的一种制度。财产清查是为了确定本单位的各项财产实存数额与账面数额是否相符,那么在日常核算中,实存数额与账面数额是什么关系呢? 这要取决于采用的核算方法,即采用永续盘存制,还是采用实地盘存制。

①永续盘存制,也称账面盘存制。即通过账簿记录连续反映各项财产物资增减变化及结存情况的方法。采用这种方法要求平时在各种财产物资的明细账上,根据会计凭证将各项财产物资的增减数额连续进行登记,并随时结出账面余额。可根据下列公式结出账面余额:

$$发出存货价值=发出存货数量×存货单价$$
$$期末账面结存金额=期初账面结存金额+本期增加金额-本期减少金额$$

永续盘存制的优点:一是核算手续严密,能及时反映各项财产物资的收、发、结存情况;二是财产物资明细账上的结存数量,可以随时与确定的库存最高储备量和最低储备量进行比较,检查有无超额储备或储备不足的情况,以便随时组织物资的购销或处理,加速资金周转;三是通过对财产物资的轮番盘点,经常保持账实相符,如财产物资发生溢余和短缺,应查明原因,及时纠正。

永续盘存制的缺点是:各项财产物资的明细账核算工作量大。尽管如此,由于这种方法加强了对财产物资的管理,在控制和保护财产安全方面有明显的优越性,所以在会计实务中得到广泛应用。一般来说,除了特殊行业的企业对于特定商品的核算必须采用实地盘存制外,都应采用永续盘存制。

②实地盘存制。即对各项财产物资平时只在明细账中登记增加数,不登记减少数,月末根据实地盘点的结存数倒挤出财产物资减少数,并据以登记有关账簿的一种方法。本期减少数的计算公式如下:

$$期末存货金额=期末存货盘点数量×存货单价$$
$$本期减少金额=期初账面结存金额+本期增加金额-期末存货金额$$

实地盘存制的优点主要是:由于不登记减少数,可以减轻会计人员平时的工作量。实地盘存制的主要缺点:一是手续不够严密,不能通过账簿记录随时反映和监督各种财产物资的增加、减少和结存情况;二是由于以期末结存数量来倒挤本期财产物资的减少数量,所以凡属未计入期末结存的财产物资都被认为是已经使用,这样,很容易使已发生的浪费、盗窃和自然损耗所形成的损失都隐藏到倒挤求得的减少数内,作为成本开支,从而模糊合理损耗和不正当损害的界线,削弱了对财产物资的监督作用,影响了成本计算的正确性和清晰性;三是由于月末一次盘点结存数,这样虽然减少了平时的工作量,但却加大了会计期末的工作量。

由此可见,实地盘存制是一种不完善和不严密的财产物资管理办法,非特殊情况,一般不宜采用。在实际工作中,实地盘存制通常只适用于价值低,规格杂,增减频繁的材料、废料或是零售商店非贵重商品和一些损耗大、质量不稳定的鲜活商品。

(2)实物资产的清查。即对固定资产、原材料、在产品、委托加工材料和库存商品等,从质量上和数量上进行清查,并核定其实际价值。对实物资产的清查通常有以下几种方法:

①实地盘点法。即通过逐一清点或使用计量器计量的方法确定物资实存数量的一种方法。这种方法适用于原材料、机器设备和库存商品等多数财产物资的清查。

②抽样盘存法。即通过测算总体积或总重量,再抽样盘点单位体积和单位重量,然后测算出总数的方法。这种方法适用于包装完整的大件财产及价值小、数量多、质量比较均匀的不便于逐一点数的财产物资,如包装好的成袋粮食、化肥等。从本质上讲,它是实地盘点法的一种补充方法。

③技术推算法。即通过量方、计尺等技术推算的方式来确定财产物资结存数量的一种方法。这种方法适用于难以逐一清点的物资,如散装的饲料、化肥等。从本质上讲,它也是实地盘点法的一种补充方法。

④查询核实法。即依据账簿记录,以一定的查询方式,核查财产物资、货币资金、债权债务数量及其价值量的方法。这种方法根据查询结果进行分析,以确定有关财产物资、货币资金、债权债务的实物数量和价值量。适用于债权债务、委托代销、委托加工、出租出借的财产物资及外埠存款等。

对于财产物资的质量检验,可以根据不同的物理、化学性质采取不同的技术方法进行检查。并根据其质量情况,按照成本价值计价原则,对清查物资的价值作出如实记录。

对各项财产物资的盘点结果如实地登记在"实物盘存单"上,通过实存数额与账面结存数额核对,如果发现账实不符,会计人员则编制"实存账存对比表",以确定各种实物的盘盈或盘亏数额。实存数大于账存数,为盘盈;实存数小于账存数,为盘亏。"实存账存对比表"是财产清查的重要报表,应严肃认真地填报。

3. 往来款项的清查

往来款项主要包括应收账款、应付账款、其他应收款、其他应付款及预收、预付账款等。

对这些往来款项的清查一般采取"函证核对法"进行。也就是采取同对方经济往来单位核对账目的方法。清查时,首先将本企业的各项应收、应付等往来款项正确完整地登记入账,然后逐户编制一式两联的"往来款项对账单",送交对方单位并委托对方单位进行核对。如果对方单位核对无误,应在回单上盖章后退回本单位;如果对方发现数字不符,应在回单上注明不符的具体内容和原因后退回本单位,作为进一步核对的依据。"往来款项对账单"的格式如图 7-1 所示。

往来款项对账单

威尼控制设备有限责任公司:

　　贵单位 2010 年 5 月 15 日购入我单位 W-Ⅱ-A 产品 100 台,单价 150 元,已付货款 10 000 元,尚有 5 000 元货款未付,请核对后将回单联寄回。

南方有限责任公司(盖章)

2010 年 6 月 28 日

·················沿此虚线裁开,将以下回单联寄回·················

往来款项对账单(回联)

南方有限责任公司:

　　贵单位寄来的"往来款项对账单"已经收到,经核对相符无误(或不符,应注明具体内容)。

威尼控制设备有限责任公司(盖章)

2010 年 6 月 30 日

图 7-1　往来款项对账单

发出"往来款项对账单"的单位收到对方的回单联后,对其中不符或错误的账目应及时查明原因,并按规定的手续和方法进行更正。最后再根据清查的结果编制"往来款项清查报告表"。其一般的格式如表 7-12 所示。

表 7-12　往来款项清查报告表

××企业　　　　　　　　　2010 年 06 月 30 日

明细科目		清查结果		不符单位及原因分析					备注
名　称	金　额	相　符	不　符	不符单位名称	争执中款项	未达账项	无法收回	拖付款项	

记账人员:签章　　　　　　　　　　　　　　　　清查人员:签章

（五）财产清查结果的处理

1.财产清查结果处理的要求

财产清查结果的处理一般指的是账实不符，即发生盘盈、盘亏、毁损情况的处理。当账存数大于实存数，即盘亏；当账存数小于实存数，即盘盈；实存数虽与账存数一致，但实存的财产物资有质量问题，不能按正常的财产物资使用的，称为毁损。无论是盘盈、盘亏还是毁损，必须根据国家有关政策、法规和财经制度，按规定的程序报批后进行处理。

（1）认真查明账实不符的性质和原因，并确定处理办法。

对于财产清查中发现的各种财产物资的盘盈、盘亏及各种损失，应核准数字，认真调查分析发生差异的原因，明确经济责任和法律责任，依据会计准则和有关财务制度的规定，确定处理办法。

（2）积极处理多余物资和清理长期不清的债权和债务。

在清查过程中，对于积压呆滞和不需要的物资，应积极组织调剂，除在本单位内部设法利用、代用外，还应积极推销或组织调拨，力求做到物尽其用；对于长期不清的债权和债务，应指定专人，主动与对方单位研究解决。

（3）总结经验教训，建立健全财产管理制度。

针对财产清查中所发生的问题，应总结经验、查找原因，制定改进措施，建立健全各项管理制度，促进各单位管好财产物资，使财产清查工作发挥更大的作用。

（4）及时调整账目，做到账实相符。

2.账户设置

为了反映和监督各种财产物资的盘盈、盘亏及处理转销情况，需设置"待处理财产损溢"账户。

该账户借方用以登记财产物资的盘亏数及盘盈财产物资的转销数；贷方用以登记财产物资的盘盈数及盘亏财产物资的转销数。对于企业的财产损溢，应查明原因，在期末结账前处理完毕，处理后该账户应无余额。该账户按待处理财产的类别可设置"待处理流动资产损溢"和"待处理非流动资产损溢"等明细账户。"待处理财产损溢"账户结构如图7-2所示。

借方　　　　　　　　　待处理财产损溢　　　　　　　　贷方	
1.本期发生的盘亏数及毁损数	1.本期发生的盘盈数
2.根据批准转账的盘盈数	2.根据批准转账的盘亏数

图7-2 "待处理财产损溢"账户的结构

3.财产清查结果处理的步骤

对于财产清查的账务处理,应当分以下两个步骤:

(1)审批之前,将已查明的财产物资盘盈、盘亏和毁损等,根据清查中取得的原始凭证(如实存账存对比表)编制记账凭证,据以登记有关账簿,做到账实相符。同时,按照规定程序报送有关领导和部门批准。

(2)审批之后,有关领导部门对所呈报的财产清查结果提出处理意见,企业单位应严格按照批复意见编制有关的记账凭证,将"待处理财产损溢"分别转入有关账户。

4.财产清查结果的账务处理

(1)库存现金清查结果的处理。库存现金发生账实不符是会计差错中最常见的一种,在清查中发现库存现金短缺或溢余时,要设法查明原因,并及时根据"库存现金盘点报告表"进行处理。按短款或长款的金额记入"待处理财产损溢"账户,待查明原因后再转账。

【例 7-13】 南方有限责任公司 2010 年 5 月进行库存现金清查时,发现实际库存现金比现金日记账余款多 50 元,经查明,日记账无误。

①报经批准前,先调整账目,作会计分录如下:

借:库存现金 50
　　贷:待处理财产损溢——待处理流动资产损溢 50

②经反复调查,未查明原因。经批准,作营业外收入处理,作会计分录如下:

借:待处理财产损溢——待处理流动资产损溢 50
　　贷:营业外收入 50

【例 7-14】 如果 2010 年 5 月南方有限责任公司进行库存现金清查时,发现实际库存现金比现金日记账余款少 30 元。

①报经批准前,先调整账目,作会计分录如下:

借:待处理财产损溢——待处理流动资产损溢 30
　　贷:库存现金 30

②经检查,属于出纳员责任,应由其赔偿,作会计分录如下:

借:其他应收款——××出纳 30
　　贷:待处理财产损溢——待处理流动资产损溢 30

③当出纳员赔偿时,作会计分录如下:

借:库存现金 30
　　贷:其他应收款——××出纳 30

（2）往来款项清查结果的账务处理。应收应付款项应及时处理，对于长期收不回来的应收账款（即坏账），要按既定的程序予以核销，冲减应收账款。对于应付款项中实在无法支付的部分，应转作企业营业外收入处理。

【例 7-15】　南方有限责任公司 2010 年 1 月在财产清查中发现有一笔应收款已超过规定年限，按规定转为坏账处理，金额为 15 000 元。

报经批准确认坏账损失时，作会计分录如下：

借：坏账准备　　　　　　　　　　　　　　　　　　　15 000
　　贷：应收账款——××　　　　　　　　　　　　　　　　　15 000

【例 7-16】　南方有限责任公司 2010 年 5 月在财产清查中发现一笔应付款项，因债权单位已不存在，无法支付，按规定应予核销，金额为 25 000 元。

根据有关确认凭证及审批手续，作会计分录如下：

借：应付账款——××　　　　　　　　　　　　　　　25 000
　　贷：营业外收入　　　　　　　　　　　　　　　　　　　25 000

（3）存货清查结果的账务处理。

①存货盘盈的账务处理。发生存货盘盈后，应查明发生的原因，及时办理盘盈存货的入账手续，调整存货账面记录，借记有关存货账户，贷记"待处理财产损溢"账户，经有关部门批准后，借记"待处理财产损溢"账户，贷记有关账户。

【例 7-17】　南方有限责任公司 2010 年 5 月在财产清查过程中盘盈一批材料，价值 1 000 元；盘盈一批已加工完成的产品，价值 2 000 元。

报经批准前，根据"实存账存对比表"所载明的盘盈数，作会计分录如下：

借：原材料　　　　　　　　　　　　　　　　　　　　1 000
　　库存商品　　　　　　　　　　　　　　　　　　　　2 000
　　贷：待处理财产损溢——待处理流动资产损溢　　　　　　3 000

存货的盘盈一般都是由计量上的差错引起的，对于这种盘盈一般应冲减当期的"管理费用"。在报经批准后，作会计分录如下：

借：待处理财产损溢——待处理流动资产损溢　　　　　3 000
　　贷：管理费用　　　　　　　　　　　　　　　　　　　　3 000

②存货盘亏和毁损的账务处理。存货发生盘亏和毁损后，在报批前应转入"待处理财产损溢"账户，待批准后根据不同情况分别进行处理：

属于定额内的自然损耗，按规定转作管理费用。

属于超定额损耗及存货毁损，能确定过失人的，应由过失人赔偿；属保险责任范围的，应由保险公司理赔。扣除过失人或保险公司赔偿和残值后，记入管理费用。

属于自然灾害所造成的存货损失，扣除保险公司赔款和残值后，记入营业外支出。

【例 7-18】 南方有限责任公司 2010 年 5 月在财产清查中发现乙材料盘亏 300 元,丙材料盘亏 5 000 元。经查,乙材料盘亏中定额内损耗 200 元,管理人员过失造成的有 100 元,丙材料的毁损是由自然灾害造成的,经整理收回残料价值 200 元,已入库,可以从保险公司取得赔款 3 000 元。

报经批准前,根据"实存账存对比表"作会计分录如下:

借:待处理财产损溢——待处理流动资产损溢　　　　　5 300
　　贷:原材料——乙材料　　　　　　　　　　　　　　　300
　　　　　　　——丙材料　　　　　　　　　　　　　　　　　5 000

根据盘亏、毁损的原因及审批意见,乙种材料的盘亏定额内部分记入"管理费用"账户;管理人员过失损失应由相应的责任人赔偿,记入"其他应收款"账户;扣除残料价值和保险赔偿款后的净损失,记入"营业外支出"账户。作会计分录如下:

借:管理费用　　　　　　　　　　　　　　　　　　　200
　　其他应收款——××　　　　　　　　　　　　　　　100
　　　贷:待处理财产损溢——待处理流动资产损溢　　　　　300
借:原材料　　　　　　　　　　　　　　　　　　　　200
　　其他应收款——保险赔款　　　　　　　　　　　3 000
　　营业外支出　　　　　　　　　　　　　　　　　1 800
　　　贷:待处理财产损溢——待处理流动资产损溢　　　　　5 000

(4)固定资产清查结果的账务处理。

①固定资产盘盈的核算。企业在财产清查中盘盈的固定资产,作为前期会计差错更正处理。

②固定资产盘亏的核算。对于在清查中发现的盘亏和毁损的固定资产,在审批前,应按账面净值借记"待处理财产损溢——待处理固定资产损溢",按已提折旧额借记"累计折旧"账户,按账面原值贷记"固定资产"账户;审批后,根据上级批准意见,借记"营业外支出"账户,贷记"待处理财产损溢——待处理固定资产损溢"账户。

【例 7-19】 南方有限责任公司 2010 年 5 月在财产清查中,发现短缺设备一台,账面原价 50 000 元,已提折旧 32 000 元。

报经批准前,根据"实存账存对比表"所列的盘亏数额,编制记账凭证并登记入账,作会计分录如下:

借:待处理财产损溢——待处理固定资产损溢　　　　18 000
　　累计折旧　　　　　　　　　　　　　　　　　　32 000

　　贷:固定资产　　　　　　　　　　　　　　　　　　　　　　　50 000

审批后,根据批准意见,编制记账凭证并登记入账,应作会计分录如下:

借:营业外支出　　　　　　　　　　　　　　　　　　　　　　18 000

　　贷:待处理财产损溢——待处理固定资产损溢　　　　　　　　18 000

第三节　结　账

　　结账是在将本期内所发生的经济业务全部登记入账并在对账无误的基础上,按照规定的方法对该期间内的账簿记录进行小结,结算出本期发生额合计数和余额,并将其余额结转下期或者转入新账。为了总结每一会计期间的经济活动情况,考核经营成果,编制会计报表,就必须在每一会计期末进行结账。

　　习惯上将每年1～11月的结账工作称为月结,将每年12月的结账工作称为年结。结账时,应根据不同的会计期间和不同账户记录,分别采用不同的方法。各类账户一般可按以下类别顺序进行归类并结账。

一、损益类账户

　　损益类账户一般无余额,期末结账主要对其发生额进行结计。损益类无论是总分类账户,还是明细分类账户,也无论其采用何种账页格式,期末结账时均需结计本期发生额合计数和本年累计发生额合计数。

　　结账时,首先在本月最后一笔业务记录行下划一条通栏单红线,若采用的是三栏式账页,则结计出借贷方发生额,若采用的是多栏式账页,则结计出各栏目实际发生额,记入下一行相应金额栏内,在摘要栏内注明"本月合计"字样,并在下面划一条通栏单红线。

　　接着,结计出自年初起至本月末止的累计发生额,记入下一行相应金额栏内,在"摘要"栏内注明"本年累计"字样,若是月结,在下面划通栏单红线;若为年结,则在下面划通栏双红线。

　　若账簿中本期记录较为简单,在账簿记录中有明显的本期发生额或本年累计发生额,则可将结计的"本月合计"或"本年累计"省略,直接画线即可。例如,某企业采用全月一次汇总的科目汇总表账务处理程序,1月份在总账"主营业务收入"账户中只有一条记录,其数据既是1月份的"本月合计",也是1月份的"本年累计",月结时则不必在账簿中再抄写相关内容,直接在该条记录下划通栏单红线即可。2月份在总账"主营业务收入"账户又只有一条记录,其数据是2月份的"本月合计",但2月份的"本年累计"则需经过计算才能得出,月结时,不需抄写"本月合计",只需结计"本年累计"记入账户。若某账户本期无发生额,不需进行月结,年结时只需在下面划通栏双红线。

二、库存现金、银行存款日记账

为了加强对货币资金的管理,库存现金、银行存款日记账需按日结计本日发生额、按月结计本月发生额,但不需结计本年累计发生额。

每日终了,先在本日最后一笔业务记录下划通栏单红线,结计出本日借贷方发生额,填在下一行的借贷方金额栏内,在"摘要"栏内注明"本日合计"字样,并在下面划通栏单红线。

每月终了,在日结的基础上,结计出本月借贷方发生额,填在下一行的借贷方金额栏,在"摘要"栏内注明"本月合计"字样,并在下面划通栏单红线。

年末结账时,在"本月合计"行下面要划通栏双红线。

三、总分类账户

总分类账户中的损益类账户,按损益类账户的结账方法进行结账。其他总分类账户月结时既不需要结计"本月合计",也不需要结计"本年累计",但在年结时为了总括地反映全年各项资金运动情况的全貌,核对账目,需结计全年发生额。因此,月结时,只需在账户的最后一条记录下划通栏单红线即可;年结时,先在该年最后一条记录下划通栏单红线,然后结计出借贷方本年发生额合计数,记入下行借贷方金额栏,并在"摘要"栏内注明"本年合计"字样,并在下面划通栏双红线。

四、多栏明细账

多栏明细账中损益类账户按损益类账户结账方法进行;其他账户只需结计本期发生额,不需结计本年累计发生额。

多栏账的结账应按以下两种情况分别进行:

(1)期末无余额或账页中设有余额栏的多栏明细分类账。首先在本月最后一笔业务记录下划一条通栏单红线,然后结计出本期各栏目的实际发生额,记入下一行相应栏目内,在"摘要"栏内注明"本月合计"字样,并在下面划通栏单红线。年末结账时,在"本月合计"行下要划通栏双红线。

(2)期末有余额且账页中未设有余额栏的多栏明细分类账。首先,在本月最后一笔业务记录下划一条通栏单红线;其次,结计出本期各栏目的实际发生额,记入下一行相应栏目内,在"摘要"栏内注明"本月合计"字样,并在下面划通栏单红线;最后,结计出期末余额,记入下一行各栏目内,在"摘要"栏内注明

"期末余额"字样,其下一账页用以继续登记下一月份的相关记录,月结时"期末余额"行下不用划线。若是年结,应在"期末余额"行下面划通栏双红线。

五、其他账户

以上账户外的其他账户,如各项应收应付款明细账和各项财产物资明细账等,结账时既不需结计"本月合计",也不需结计"本年累计"。因此,结账时只需划线即可,月结时划通栏单红线,年结时划通栏双红线。

六、年末余额的结转

一般来说,总账、日记账和大多数明细分类账应每年更换一次。但有些财产物资明细账和债权债务明细账,由于材料品种、规格和往来单位较多,更换新账工作量较大,可以跨年度使用,不必每年都更换一次,第二年使用时,可直接在上年终了的双线下面记账。各种备查簿也可以连续使用。

当更换新账时,对旧账中有年末余额的账户,应将其余额结转下年。结转的方法是:在旧账年结双红线下行"摘要"栏内注明"结转下年"字样,将账户余额直接记入新账第一行余额栏,并在"摘要"栏内注明"上年结转"字样。结转余额时不需编制记账凭证,也不需将余额再记入本年账户的借方或贷方,使本年有余额的账户结平。

第四节　会计档案整理与保管

一、会计档案及其组成

会计档案是国家经济档案的重要组成部分,是记录和反映经济业务的重要史料和证据,因而也是检查遵守财经纪律情况的书面证明和总结经营管理经验的重要参考资料。各单位要认真做好会计档案的管理工作,必须妥善保管并予以充分利用。

（一）会计档案

会计档案是机关团体和企事业单位在会计活动中形成的,并按照一定规定保存备查的会计凭证、会计账簿和财务会计报告等会计信息载体,它是记录和反映单位经济业务的重要史料和证据。

（二）会计档案的组成

（1）会计凭证类。该类包括原始凭证、记账凭证、汇总凭证、其他会计凭证。

(2)会计账簿类。该类包括总账、明细账、日记账、固定资产卡片、辅助账簿、其他会计账簿。

(3)财务会计报告类。该类包括月度、季度、年度财务会计报告(包括会计报表、附表、附注及文字说明)和其他财务会计报告。

(4)其他类。该类包括银行存款余额调节表、银行对账单、其他应当保存的会计核算专业资料、会计档案移交清册、会计档案保管清册、会计档案销毁清册等其他应保存的会计核算专业资料。

二、会计档案的整理

(一)会计凭证的整理与装订

会计凭证一般应按月整理,并装订成册。

1. 会计凭证的整理

月末,首先将所有需要归档的会计凭证收集齐全,并根据记账凭证的种类进行分类,如采用专用凭证,可按收、付、转分为三类,每一类按顺序号整理排列。同时,注意整理记账凭证后附的原始凭证,清除订书针、大头针、曲别针等金属物,凡超过记账凭证宽度和长度的原始凭证,都要整齐地折叠进去。特别要注意装订眼处的折叠方法,以防装订后影响原始凭证的翻查。然后将每类记账凭证按适当厚度分成若干册,每册的厚度应尽可能保持一致。若单位采用汇总记账凭证账务处理程序和科目汇总表账务处理程序,在凭证分册时还应兼顾记账凭证的汇总范围,并将汇总记账凭证或科目汇总表附于各册记账凭证之前。

2. 会计凭证的装订

首先,将分好册的会计凭证用铁夹夹好。然后,用铅笔在凭证左上角划一条分角线,并在分角线适当位置选两个点打孔。选择的打孔点不能太靠近左上角的顶端,以免装订后不够牢固和平整,也不能太靠下,以免装订后影响原始凭证的翻查,一般可在距上角顶端2～4厘米的范围内确定两孔的位置。接着,用装订绳分别穿眼绕扎多次,捆紧扎牢。最后,给每一册凭证加具封面,封面上要注明单位及凭证名称、日期、起止号码、本月共几册、本册为第几册等内容,并由会计主管人员和装订人员分别签章。

对于数量过多的原始凭证,如收料单和领料单等,可以单独成册装订保管,在封面上注明记账凭证日期、编号、种类,同时在记账凭证上注明"附件另订"和原始凭证名称及编号。

（二）会计账簿的整理

年度终了，各种账簿在结转下年、建立新账后，要统一整理归档。对活页式账簿，首先要将其中的空白账页取出，其中的明细分类账户按其所属总分类科目的编码顺序排列，对各明细账户按"第×页"顺序排列。然后对整本活页账簿中的账页不分账户只按其在账簿中的排列顺序编号，填入各账页上端"总页"处。编码完毕后，将账页总数填入账簿扉页"账簿启用表"，并填写账簿目录表。

（三）会计报表的整理

会计报表一般在年度终了后，由专人统一收集、整理、装订并归档。整理时，将全年的会计报表，按时间顺序排列并装订成册，加具封面，并在封面中注明报表的名称、页数、归档日期等，经财务负责人审核、盖章后归档。

三、会计档案的保管

各单位当年形成的会计档案，在会计年度终了后，可暂由会计机构保管一年，期满之后，应当由会计机构编制移交清册，移交本单位档案部门按规定的期限统一保管。若单位未设立档案机构，应当在会计机构内部指定专人保管，但出纳员不得兼管会计档案。

专职保管会计档案的要员离岗、离职应当移交会计档案，办理交接手续。

会计档案在保管期间，不得借出。若有特殊需要，经本单位负责人同意后，可以提供查阅或者复制，并办理登记手续。我国境内所有单位的会计档案不得携带出境。

会计档案的保管期限分永久、定期两类。定期保管分为 3 年、5 年、10 年、15 年、25 年五类，各类会计档案的具体保管期限如表 7-13 所示。会计档案的保管期限从会计年度终了后的第一天算起。

表 7-13　企业和其他经济组织会计档案保管期限表

序　号	档案名称	保管期限	备　注
一	会计凭证类		
1	原始凭证	15 年	
2	记账凭证	15 年	
3	汇总凭证	15 年	
二	会计账簿类		
4	总账	15 年	包括日记总账
5	明细账	15 年	
6	日记账	15 年	库存现金和银行存款日记账保管 25 年
7	固定资产卡片		固定资产报废清理后保管 5 年
8	辅助账簿	15 年	
三	财务报告类		包括各级主管部门汇总财务报告
9	月、季财务报告	3 年	包括文字分析
10	年度财务报告（决算）	永久	包括文字分析
四	其他类		
11	会计移交清册	15 年	
12	会计档案保管清册	永久	
13	会计档案销毁清册	永久	
14	银行余额调节表	5 年	
15	银行对账单	5 年	

四、会计档案的查阅与销毁

（一）会计档案的查阅

各单位保存的会计档案不得借出。如有特殊需要，经本单位负责人批准，可以提供查阅或者复制，并办理相关登记手续。

查阅会计档案，应有一定的手续。对查阅的档案，应设置"会计档案查阅登记簿"，详细登记查阅日期、查阅人、查阅理由、归还日期等。本单位人员查阅会计档案，需经会计主管人员同意。外单位人员查阅会计档案，要有正式介绍信，经单位领导批准。查阅人员不得将会计档案携带外出，不得擅自摘录有关数字。遇特殊情况需要影印复制会计档案的，必须经本单位领导批准，并在"会计档案查阅登记簿"内详细记录会计档案影印复制的情况。

查阅或者复制会计档案的人员，严禁在会计档案上涂画、拆封和抽换。

（二）会计档案的销毁

保管期满的会计档案，一般可以按照以下程序销毁：

（1）由本单位档案机构会同会计机构提出销毁意见，编制会计档案销毁清册，列明销毁会计档案的名称、卷号、册数、起止年度和档案编号、保管期限、已保管期限、销毁时间等内容。

（2）单位负责人在会计档案销毁清册上签署意见。

（3）销毁会计档案时，应当由单位档案机构和会计机构共同派员监销；国家机关销毁会计档案时，应当由同级财政部门、审计部门派员参加监销；财政部门销毁会计档案时，应当由同级审计部门派员参加监销。

（4）监销人在销毁会计档案前，应当按照会计档案销毁清册所列内容清点核对所要销毁的会计档案；销毁后，应当在会计档案销毁清册上签名盖章，并将监销情况报告本单位负责人。

应当注意的是，保管期满但未结清的债权债务原始凭证和涉及其他未了事项的原始凭证不得销毁，应当单独抽出立卷，由档案部门保管到未了事项完结为止。单独抽出立卷的会计档案，应当在会计档案销毁清册和会计档案保管清册中列明。

课后练习

一、单项选择题

1. 对各项财产的增减变化，根据会计凭证连续记录并随时结出余额的制度是（　　）。

    A. 实地盘存制　　　　　　　　B. 应收应付制

    C. 永续盘存制　　　　　　　　D. 实收实付制

2. 清查中由于自然灾害造成的财产盘亏应记入（　　）。

    A. 管理费用　　　　　　　　　B. 其他应收款

    C. 营业外支出　　　　　　　　D. 生产成本

3. 财产清查按时间可以分为（　　）。

    A. 全面清查和局部清查　　　　B. 定期清查和不定期清查

    C. 内部清查和外部清查　　　　D. 货币资金清查和非货币资金清查

4. 对账的主要内容不包括（　　）。

    A. 账证核对　　　　　　　　　B. 账账核对

    C. 账实核对　　　　　　　　　D. 账表核对

5. （　　）的目的是为了账簿记录的真实、可靠、准确、完整。

    A. 过账　　　B. 结账　　　C. 转账　　　D. 对账

6. 下列说法正确的是（   ）。

   A. 现金应该每日清点一次   B. 银行存款每月至少同银行核对两次

   C. 贵重物资每天应盘点一次   D. 债权债务每年至少核对二三次

7. 财产清查按清查的对象和范围可分为（   ）。

   A. 全面清查和局部清查   B. 定期清查和不定期清查

   C. 内部清查和外部清查   D. 货币资金清查和非货币资金清查

8. 清查中财产盘亏是由于财产保管人责任造成的，应记入（   ）。

   A. 制造费用   B. 管理费用

   C. 其他应收款   D. 营业外支出

9. 一般来说，单位撤销、合并时要进行（   ）。

   A. 定期清查   B. 全面清查

   C. 局部清查   D. 实地清查

10. 对自存现金清查的方法是（   ）。

   A. 实地盘点法   B. 抽样检验法

   C. 查询核对法   D. 技术推算法

11. 下列不能作为原始凭证的是（   ）。

   A. 发货票   B. 银行存款余额调节表

   C. 收料单   D. 差旅费报销单

12. 银行存款清查的方法是（   ）。

   A. 日记账与总账核对   B. 日记账与记账凭证核对

   C. 日记账与银行对账单核对 D. 总账与记账凭证核对

13. 下列项目应使用询证法的是（   ）。

   A. 原材料   B. 应付账款

   C. 实收资本   D. 固定资产

14. 财产物资盘盈是指（   ）。

   A. 账存数大于实存数   B. 实存数大于账存数

   C. 账实相等   D. 账实相等，实存质量出现问题

15. 永续盘存制的主要特点有（   ）。

   A. 设置存货明细账   B. 逐笔登记存货的收入数

   C. 逐笔登记存货的发出数 D. 平时不登记存货的发出数

   E. 可随时结出存货的结存数量

16. 产生未达账项的原因是（   ）。

   A. 双方结账时间不一致   B. 双方记账时间不一致

   C. 双方对账时间不一致   D. 双方记账余额不一致

17. 下列说法正确的是(　　)。

    A. 会计档案销毁清册需要保管 15 年

    B. 银行存款余额调节表需要保管 5 年

    C. 固定资产卡片账应保管 15 年

    D. 库存现金日记账需要保管 15 年

18. 对于确实不需支付的应付款项应记入(　　)。

    A. 管理费用　　　　　　　　B. 营业外收入

    C. 坏账准备　　　　　　　　D. 资本公积

19. 以下账户中月结时,只需划线即可的是(　　)。

    A. 银行存款日记账　　　　　B. 主营业务收入明细账

    C. 原材料明细账　　　　　　D. 生产成本明细账

二、多项选择题

1. 对于在财产清查中盘亏的流动资产,上报批准后,贷记"待处理财产损溢",借方可以记入(　　)。

    A. 其他应收款　　　　　　　B. 管理费用

    C. 营业外支出　　　　　　　D. 营业外收入

2. 财产物资造成账实不符的原因主要有(　　)。

    A. 储存中发生自然损耗　　　B. 收发计量错误

    C. 毁损、被留　　　　　　　D. 账簿漏记或重记

    E. 管理人员保管不善

3. 应进行全面清查的情况包括(　　)。

    A. 更换出纳时　　　　　　　B. 单位主要领导调离时

    C. 企业改变隶属关系,进行股份制改造时

    D. 开展清产核资时

4. 使银行存款日记账余额大于银行对账单余额的未达账项有(　　)。

    A. 企收银未收　　　　　　　B. 银收企未收

    C. 企付银未付　　　　　　　D. 银付企未付

5. 待处理财产损溢的借方登记(　　)。

    A. 待批准处理的财产盘亏、毁损　　B. 经批准转销的财产盘亏、毁损

    C. 待批准处理的财产盘盈　　　　　D. 经批准转销的财产盘盈

6. 未达账项包括(　　)。

    A. 企收银未收　　　　　　　B. 银收企未收

    C. 企付银未付　　　　　　　D. 银付企未付

7.关于企业编制的"银行存款余额调节表",下列表述中正确的有(　　)。

  A.可调节账面余额

  B.确定企业可实际动用的款项

  C.调节后双方余额相等,说明双方记账相符

  D.对未达账项调整后才能确定双方记账是否一致

8.财产物资的盘存制度有(　　)。

  A.实地盘点法　　　　　　　B.技术推算法

  C.永续盘存制　　　　　　　D.实地盘存制

9.以下账簿中必须每年更换的有(　　)。

  A.银行存款日记账　　　　　B.总分类账簿

  C.备查账簿　　　　　　　　D.固定资产卡片

10.以下账户中月结时需结计本月发生额的有(　　)。

  A.银行存款日记账　　　　　B.主营业务成本总分类账

  C.应收账款总分类账　　　　D.管理费用明细分类账

  E.生产成本明细账

11.会计档案按信息载体的形式不同,可以分为(　　)。

  A.会计凭证　　　　　　　　B.会计账簿

  C.财务会计报告　　　　　　D.其他

12.会计档案定期保存的期限分别为(　　)。

  A.5年　　　　　　　　　　B.10年

  C.15年　　　　　　　　　　D.25年

三、判断题

1.对于银行已入账而企业尚未入账的未达账项,企业应立即入账。　(　　)

2.更换账簿时,将旧账余额抄入新账时,应编制记账凭证。　　　　(　　)

3.进行财产清查时,如发现账存数小于实存数,即为盘亏。　　　　(　　)

4.在永续盘存制下,平时只计财产物资的增加数而不计减少数。　(　　)

5.单位撤销、合并或改变隶属关系时一般进行局部清查。　　　　(　　)

6.企业可以根据需要提前结账或滞后结账。　　　　　　　　　　(　　)

7.采用永续盘存制的企业,可以不进行存货的实地盘点。　　　　(　　)

8.账实不符是财产管理不善或会计人员水平不高的结果。　　　　(　　)

9.定期清产可以是全面清查,也可以是局部清查。　　　　　　　(　　)

10.出纳可以兼管会计档案的保管。　　　　　　　　　　　　　(　　)

11."银行存款日记账"上的余额就是企业可以支用的存款数。　(　　)

12.《会计档案管理办法》规定,企业的年度决算报表应永久保存。（　　　）

13.会计档案保管期满,档案保管人员即可自行将其销毁。（　　　）

14.所有的会计档案都需永久保存。（　　　）

15.我国境内所有单位的会计档案不得携带出境。（　　　）

16.未结清的债权债务原始凭证和涉及其他未了事项的原始凭证,应由档案部门保管到未了事项完结后才能销毁。（　　　）

四、业务练习题

练习一

目的:练习库存材料清查结果的账务处理。

资料:某企业 2010 年 12 月进行材料清查,发现有以下材料与账面数量不符。

1.甲材料账面余额为 4 000 千克,单价为 5 元/千克,共计 20 000 元,实存为 3 990 千克,盘亏 10 千克,经查系材料定额内损耗,批准后转入期间费用。

2.乙材料账面余额为 6 500 千克,单价为 8 元/千克,共计 52 000 元,实存为 6 520 千克,盘盈 20 千克,经查系材料收发过程中计量误差累计所致,批准后冲减期间费用。

3.丙材料账面余额为 398 千克,单价为 45 元/千克,共计 17 910 元,清查时发现全部毁损,废料估价 150 元已验收入库。经查是由于暴风雨袭击仓库所致,批准后将净损失作为营业外支出处理。

4.丁材料账面余额为 360 千克,单价为 10 元/千克,共计 3 600 元,实存为 355 千克,盘亏 5 千克,经查系保管人员责任心不强造成的损失,经批准责令其赔偿,赔款尚未收到。

5.丙材料账面余额为 400 千克,单价为 14 元/千克,共计 5 600 元,实存为 410 千克,盘盈 10 千克,经查系材料自然升溢造成,批准后冲减期间费用。

要求:根据以上经济业务编制会计分录

练习二

目的:练习银行存款余额调节表的编制。

资料:

1.某企业 2010 年 6 月银行存款日记账 20 日至月末的所记经济业务如下:

(1)20 日开出支票＃09478,支付购入材料的货款 1 400 元。

(2)21 日存入销货转账支票 2 400 元。

(3)24 日开出支票＃09479,支付购料运杂费 700 元。

(4)26日开出支票♯09480,支付下季度的房租1 600元。

(5)27日收到销货款转账支票9 700元。

(6)30日开出支票♯09481,支付日常零星费用200元。

(7)30日银行存款日记账余额33 736元。

2.银行对账单所列20日至月末经济业务如下:

(1)20日结算银行存款利息792元。

(2)22日收到企业开出支票♯09478,金额为1 400元。

(3)24日收到销售款转账支票2 400元。

(4)26日银行为企业代付水电费1 320元。

(5)27日收到企业开出支票♯09479,金额为700元。

(6)30日代收外地企业汇来货款1 400元。

(7)30日银行对账单余额26 708元。

要求:根据以上资料,编制"银行存款余额调节表",并计算出调节后的银行存款余额。

练习三

目的:练习银行存款余额调节表的编制。

资料:某企业2010年7月31日银行存款日记账的账面余额是24 000元,银行对账单上的账面余额是24 400元,经逐笔核对,发现以下几笔未达账项:

1.企业于月末收到其他单位的转账支票2 500元,企业已经入账,银行尚未入账;

2.企业于月末开出转账支票1 500元,企业已经入账,银行尚未入账;

3.企业委托银行代收货款4 900元,银行已经入账,企业尚未入账;

4.银行代企业支付水费3 500元,银行已经入账,企业尚未入账。

要求:根据上述资料,编制银行存款余额调节表。

练习四

目的:练习应收应付款项清查的核算。

资料:某企业2010年12月清查往来账项时,发现以下业务长期挂在账上:

1.长期挂在账上的应付甲厂货款的尾数66元,由于对方机构撤销无法支付,经批准作为企业营业外收入处理。

2.没收逾期未退回的包装物押金500元,经批准作为其他业务收入处理。

3.职工张某暂借款150元,由于该职工调出企业,无法收回,经批准作为期间费用处理。

　　4.由于对方单位撤销,应收而无法收回的企业销货款 5 236 元,经批准作为坏账损失处理。

　　要求:根据以上经济业务编制会计分录。

第八章　财务会计报告

第一节　财务会计报告概述

一、财务会计报告的概念

（一）财务会计报告

财务会计报告是指企业对外提供的反映企业某一特定日期的财务状况和某一会计期间的经营成果、现金流量等会计信息的文件。财务会计报告是企业会计信息的主要载体，包括会计报表及其附注和其他应当在财务会计报告中披露的相关信息和资料。

（二）会计报表

会计凭证和会计账簿是会计信息的两个重要载体，通过对发生的每一项经济业务事项按照会计核算的要求进行了有关会计确认、计量、记录之后，形成了相应的分类会计信息。但是，这些会计信息对于会计信息利用者来说，仍然被认为是分散和零星的，缺乏概括和综合，难以从中全面地看清企业在一定时期的财务状况和一定期间的经营成果及现金流量情况。因此，还必须在账簿登记的基础上，对会计信息进行进一步的加工整理及汇总，按照会计信息利用者的要求，编制提供财务会计报表。

会计报表是对企业财务状况、经营成果和现金流量的结构性表述。

《企业会计准则第 30 号——财务报表列报》规定：会计报表至少应当包括资产负债表、利润表、现金流量表、所有者（或股东）权益变动表和附注。小企业编制的会计报表可以不包括现金流量表。

二、财务会计报表的分类

企业的会计报表可以按照其反映的内容、编报时间、服务对象和空间范围进行分类。

（一）按反映的内容不同分类

按反映的内容不同,会计报表可分为资产负债表、利润表、现金流量表、所有者(或股东)权益变动表和报表附注。

（二）按列报时间不同分类

按列报时间不同,会计报表可分为年度财务会计报表和中期财务会计报表。

（1）中期财务会计报表。中期是指短于一个会计年度的期间,所以,月度、季度、半年度财务会计报表统称为中期财务会计报表,可以快速报送给有关会计信息利用者,使其及时了解企业的经营情况。

（2）年度财务会计报表。年度财务会计报表是一种决算总结,会计信息利用者将据此了解年度内全部经营情况。因此,年度财务会计报表应当包括完整的财务报表和附注。

（三）按服务对象不同分类

按服务对象的不同,会计报表可分为对外报表和内部报表。

（1）对外报表。即向企业外部的所有利害关系人公开的财务会计报表,包括资产负债表、利润表、现金流量表、所有者权益变动表及财务报表附注等。一般按照会计准则所规定的格式和编制要求编制公开报告的会计报表。

（2）对内报表。即为企业内部经营管理者提供经营管理所需的财务会计报表,其内容大部分涉及企业的经营秘密,如主要产品生产成本表、制造费用明细表、管理费用明细表等。一般不需要对外报告,没有统一的编制要求与格式。

（四）按空间范围不同分类

按空间范围的不同,会计报表可分为个别财务会计报表和合并财务会计报表。

（1）个别财务会计报表。即直接以各企业的会计账簿记录编制的财务会计报表。这是最基本的财务会计报表,是任何企业都必须编制的本单位的财务会计报表。

（2）合并财务会计报表。即在符合编制合并财务会计报表的前提下,由母公司将企业集团和成员企业的个别财务会计报表采用一定方法合并在一起编制的财务会计报表。

三、财务会计报表的编制要求

财务会计报表是会计部门提供会计信息资料的重要手段。为了充分发挥财务会计报表的作用,保证财务会计报表所提供的信息质量,在编制财务会计报表时,必须严格遵守以下基本要求。

(一)数字真实

编制财务会计报表必须符合国家宏观经济管理、有关法律法规的要求,如实反映财务状况和经营情况,不能用估计数代替实际数,必须做到数字真实、计算准确,以保证财务会计报表的真实性。任何人不得篡改或授意、指示、强令他人篡改会计报表的有关数字,必须做到按期结账、认真对账和进行财产清查。在结账、对账和财产清查的基础上,通过编制总分类账户本期发生额试算平衡表以验算账目有无错漏,为正确编制财务会计报表提供可靠的数据。在编报以后,还必须认真复核,做到账表相符,报表与报表之间有关数字衔接一致。

(二)内容完整

财务会计报表应满足有关各方面了解本企业财务状况、经营成果和财务变动状况的需要,必须按照财政部规定的报表种类、格式和内容编制,以保证财务会计报表的完整性。对不同的会计期间(月、季、年)应当编报的各种财务会计报表,必须编报齐全;应当填列的报表指标,无论是表内项目,还是补充资料,必须全部填列;应当汇总编制的所属各单位的财务会计报表,必须全部汇总,不得漏编、漏报。

(三)清晰明了

财务会计报表应当清晰明了,便于理解和利用。在内容完整的基础上,同时应该重点突出。对于重要的经济业务,应单独反映;不重要的业务,可简化、合并反映,提高报表的效用。对于需要加以说明的问题,应附有简要的文字说明;对财务会计报表中主要指标的构成和计算方法,本报表期发生的特殊情况,如经营范围的变化、经营结构的变更,以及在本报表期间对经济效益影响较大的各种因素,都必须加以说明。

(四)报送及时

财务会计报表必须遵照国家或上级机关规定的期限和程序,及时编制和报送,以保证报表的及时性。要保证财务会计报表编报及时,必须加强日常的核算工作,认真做好记账、算账、对账和财产清查,调整账面工作;同时加强会计人员的配合协作,使财务会计报表编报及时。

第二节　资产负债表

一、资产负债表的概念

资产负债表是反映企业在某一特定日期财务状况的报表。"某一特定日期"是指月末、季末、半年末、年末,因此说资产负债表是静态报表。"财务状况"是指全部资产、负债和所有者权益总额构成等情况。资产负债表反映的是企业在某一特定日期的资产、负债及所有者权益的基本财务状况,是企业会计三大基本要素的综合体现。因此,其设计的基本理论依据是"资产＝负债＋所有者权益"这一会计恒等式。

二、资产负债表的格式

资产负债表有两种基本格式,即账户式和报告式(垂直式)。我国企业会计准则规定资产负债表采用账户式结构。

账户式资产负债表分为左右两方,左方列示全部资产项目,右方列示负债和所有者权益,左方的资产总计等于右方的负债和所有者权益总计。

三、资产负债表的结构

账户式资产负债表的结构可以概括为如下几个方面:

(一)资产项目的列示

企业的资产根据流动性的强弱和周转运作时间的快慢,可分为流动资产和非流动资产。企业在正常经营中,根据需要,一旦非流动资产形成以后,其效益的好坏在很大程度上就取决于流动资产周转的快慢。因此,无论企业的经营者,还是外部的有关利害关系者,首先关心的是流动资产。根据这一基本原理,在资产排列上,应是先排列流动资产,后排列非流动资产,其中流动资产的排列按其变现能力的强弱来排序。例如,"货币资金"的流动性最强,所以排在资产类的最前面,而流动性稍差的"交易性金融资产"、"存货"等位于其后。

(二)负债项目的列示

企业的负债根据偿还期限的长短,有流动负债和非流动负债之分,在还款顺序上也是先偿还流动负债,后偿还非流动负债。因此,负债项目的排列也应是流动负债在前,非流动负债在后;并且每部分也应该按偿还的先后顺序具体排列各项目。

（三）所有者权益项目的排列

稳定性程度或永久性程度高的项目排前面,稳定性程度或永久性程度较低的项目排后面。依此,首先是实收资本(或股本),因为实收资本是企业经过法定程序登记注册的资本金,通常不会改变,所以稳定性最好;其次是资本公积、盈余公积和未分配利润项目。

四、资产负债表的编制

（一）年初数

资产负债表"年初数"栏内各项数字,应根据上年末资产负债表"期末数"栏内所列数字填列。如果上年度资产负债表规定的各个项目的名称和内容同本年度不相一致,应对上年年末资产负债表各项目的名称和数字按照本年度的规定进行调整,填入本表"年初数"栏内。

（二）年末数

资产负债表"年末数"栏内各项数字,总体而言应根据资产、负债和所有者权益全部总分类账户和有关明细分类账户的期末余额填列,但是,其内容主要是为会计报表利用者阅读资产负债表,理解、分析企业财务状况服务的。所以其在内容指标的设计上并不是各个账户的如实罗列。根据资产负债表项目的填列方法,可将其归纳为以下几种:

(1)直接根据总分类账户余额填列。大多数报表项目都可以根据总账余额直接填列。例如,"交易性金融资产"、"应收票据"、"应付票据"、"应付职工薪酬"、"短期借款"等项目,根据"交易性金融资产"、"应收票据"、"应付票据"、"应付职工薪酬"、"短期借款"各总账科目的余额直接填列。

(2)根据几个总分类账户余额分析计算填列。有些报表项目需要根据若干总分类账户余额计算填列。例如,"货币资金"项目根据"库存现金"、"银行存款"和"其他货币资金"账户余额的和填列。

(3)根据明细分类账户余额分析计算填列。有些报表项目需要根据若干明细分类账户余额计算填列。例如,"应付账款"项目,需要根据"应付账款"和"预付账款"两个科目所属的相关明细科目的期末贷方余额计算填列;"应收账款"项目,需要根据"应收账款"和"预收账款"两个科目所属的相关明细科目的期末借方余额计算填列。

(4)根据总分类账户余额与明细账分类账户余额分析计算填列。例如,"长期借款"项目,根据"长期借款"总账科目余额扣除"长期借款"科目所属的明细科目中,将在一年内到期且企业不能自主地将清偿义务展期的长期借款后的金额计算填列。

（5）根据有关科目余额减去其备抵科目余额后的净额填列。例如,"固定资产"项目应当根据"固定资产"科目的期末余额减去"累计折旧"、"固定资产减值准备"备抵科目余额后的净额填列;"应收账款"项目应当根据"应收账款"科目的期末余额减去"坏账准备"备抵科目余额后的净额填列等。

（6）综合运用上述填列方法分析填列。例如,"存货"项目需要根据"在途物资（材料采购）"、"原材料"、"库存商品"、"周转材料"、"委托加工物资"、"生产成本"和"材料成本差异"等账户的期末余额合计,减去"存货跌价准备"账户期末余额后的金额填列。

【例 8-1】　南方有限责任公司 2010 年 12 月 31 日各账户期末余额如表 8-1所示。

表 8-1　南方有限责任公司各账户期末余额

单位:元

账户名称	借方余额	账户名称	贷方余额
库存现金	3 000	短期借款	1 770 000
银行存款	5 980 000	应付票据	682 200
其他货币资金	68 800	应付账款	5 476 000
应收票据	80 000	应付职工薪酬	435 587
应收股利	5 000	应付股利	541 700
应收利息	7 400	应交税费	1 007 500
应收账款	1 452 600	其他应付款	450 450
坏账准备	−46 572	长期借款	5 600 000
其他应收款	14 800	其中:1 年内到期长期借款	400 000
材料采购	252 060	实收资本	12 000 000
原材料	683 440	资本公积	600 000
库存商品	10 038 370	盈余公积	400 000
生产成本	2 123 630	未分配利润	910 391
存货跌价准备	−98 200		
持有至到期投资	1 769 000		
持有至到期投资减值准备	−12 000		
长期股权投资	665 800		
长期股权投资减值准备	−95 600		

续　表

账户名称	借方余额	账户名称	贷方余额
固定资产	9 675 200		
累计折旧	－4 673 900		
固定资产减值准备	－80 000		
无形资产	641 700		
累计摊销	－56700		
长期待摊费用	1 476 000		
合　　计	29 873 828	合　　计	29 873 828

注：

1. "应收账款"所属明细账户借方余额合计数为 1 537 600 元,贷方余额合计数为 85 000 元。

2. 坏账准备按应收账款和其他应收款期末余额的 3‰ 比例计提。

3. "持有至到期投资"中将于一年内到期项目借方余额为 150 000 元,计提的减值准备为 4 000 元。

4. "长期待摊费用"中将于一年内摊销的金额为 250 000 元。

根据上述资料编制南方有限责任公司 2010 年 12 月 31 日的资产负债表如表 8-2 所示。

表 8-2　资产负债表

会企 01 表

编制单位:南方有限责任公司　　　　2010 年 12 月 31 日　　　　　　　单位:元

资产	行	期末余额	负债和所有者 (或股东)权益	行	期末余额
流动资产:			流动负债:		
货币资金	1	6 051 800	短期借款	68	1 770 000
交易性金融资产	2		应付票据	69	682 200
应收票据	3	80 000	应付账款	70	5 476 000
应收股利	4	5 000	预收账款	71	85 000
应收利息	5	7 400	应付职工薪酬	72	435 587
应收账款	6	1 491 472	应付股利	74	541 700
其他应收款	7	14 356	应交税费	75	1 007 500
预付账款	8		其他应付款	81	450 450
存货	10	12 999 300	预计负债	83	
一年内到期非流动资产	21	396 000	一年内到期非流动负债	86	400 000
其他流动资产	24		其他流动负债	90	

资产	行	期末余额	负债和所有者权益	行	期末余额
流动资产合计	31	21 045 328	流动负债合计	100	10 848 437
非流动资产：			非流动负债：		
可供出售金融资产			长期借款	101	5 200 000
持有至到期投资		1 611 000	应付债券	102	
投资性房地产			长期应付款	103	
长期股权投资	32	570 200	专项应付款	106	
固定资产	39	4 921 300	其他非流动负债	108	
工程物资	44		非流动负债合计	110	5 200 000
在建工程	45		负债合计	114	16 048 437
固定资产清理	46		所有者（或股东）权益		
无形资产	51	585 000	实收资本（或股本）	115	12 000 000
长期待摊费用	52	1 226 000	资本公积	118	600 000
其他长期资产	53		盈余公积	119	400 000
非流动资产合计	60	8 913 500	未分配利润	121	910 391
			所有者（或股东）权益合计	122	13 910 391
资产总计	67	29 958 828	负债和所有者（或股东）权益总计	135	29 958 828

注：其中

货币资金：6 051 800＝3 000＋5 980 000＋68 800

应收账款：1 491 472＝1 537 600－1 537 600×3％

其他应收款：14 356＝14 800－14 800×3％

存货：12 999 300＝252 060＋683 440＋10 038 370＋2 123 630－98 200

一年内到期非流动资产：396 000＝150 000－4 000＋250 000

持有至到期投资：1 611 000＝（1 769 000－150 000）－（12 000－4 000）

长期股权投资：570 200＝665 800－95 600

固定资产：4 921 300＝9 675 200－4 673 900－80 000

无形资产：585 000＝641 700－56 700

长期待摊费用：1 226 000＝1 476 000－250 000

预收账款：85 000＝0＋85 000

一年内到期非流动负债：400 000＝0＋400 000

长期借款：5 200 000＝5 600 000－400 000

第三节　利润表

一、利润表的概念

利润表是反映企业在一定期间的经营成果及其分配情况的报表。一定会计期间可以是一个月、一个季度、半年,也可以是一年,因此将利润表称为动态报表。它是根据"收入－费用＝利润"的会计等式设计的,是反映企业在一定时期内的净利润的形成或亏损发生的报表。

利用利润表,可以了解企业在一定期间内获取经营成果的大小,借以考察企业的经营业绩和获利能力;通过利润表中损益计算的过程及利润总额同目标利润对比后,借以评价企业目标利润规划的实现情况;利用利润表,可使投资者及时了解对企业的投资前景和应得的投资报酬率的大小,为其进一步进行决策提供所需的信息;利用利润表的纵向和横向的对比分析,可以了解利润升降的水平和原因,为未来经营期的目标利润规划提供信息。

二、利润表的格式

利润表的格式有单步式和多步式两种,我国企业会计准则规定利润表采用多步式结构。单步式利润表,是将企业本期发生的全部收入和全部支出相抵计算企业损益;多步式利润表,是按照企业利润形成环节,按照营业利润、利润总额、净利润和每股收益的顺序来分步计算财务成果,从而详细地揭示了企业的利润形成过程和主要因素。

三、利润表的结构

利润表一般包括表首和正表两部分。其中,表首概括说明报表名称、编制单位、编制日期、报表编号、货币名称和计量单位。

(一)营业利润

以营业收入为起点,减去营业成本、税金、销售费用、管理费用、财务费用、资产减值损失,加上公允价值变动净收益、投资净收益,求得营业利润。

(二)利润总额

在营业利润的基础上,加上营业外收入,再减去营业外支出,即得出利润总额。

（三）净利润

在利润总额的基础上,减去所得税,求得净利润。

采用多步式利润表,可以将损益的构成分项列示,并对收入、费用进行适当归类,充分反映了营业利润、利润总额、净利润等指标,可以用来较为准确地评价企业管理部门的管理效能,便于对企业经营情况进行分析,有利于不同企业之间进行比较,有利于预测企业今后的盈利能力。

四、利润表的编制

（一）利润表各主要栏目的数据来源

（1）"本月数"。利润表"本月数"栏反映各项目的本月实际发生数,在编制年度报表时,改为"上年数"。如果上年度利润表的项目名称和内容与本年利润表不相一致,应对上年度报表项目的名称和数字按本年度的规定进行调整,填入报表的"上年数"栏。

（2）"本年累计数"报表中的"本年累计数"栏反映各项目自年初起至本月末止的累计实际发生数。

（二）利润表各主要项目的填制方法

利润表各主要项目应根据各有关损益类账户发生额分析填列。

（1）"营业收入"项目,反映企业经营主要业务和其他业务所确认的收入总额。

（2）"营业成本"项目,反映企业经营主要业务和其他业务发生的实际成本总额。

（3）"营业税费"项目,反映企业经营业务应负担的营业税、消费税、城市维护建设税、资源税、土地增值税和教育费附加等。

（4）"销售费用"项目,反映企业在销售产品过程中发生的包装费、广告费等费用和为销售本企业产品而专设的销售机构的职工薪酬、业务费等经营费用。

（5）"管理费用"项目,反映企业为组织和管理生产经营发生的管理费用。

（6）"财务费用"项目,反映企业筹集生产经营所需资金等而发生的筹资费用。

（7）"资产减值损失"项目,反映企业各项资产发生的减值损失。

（8）"公允价值变动净收益"项目,反映企业按照相关准则规定应当计入当期损益的资产或负债公允价值变动净收益,如交易性金融资产当期公允价值的变动额。如为净损失,以"—"号填列。

（9）"投资净收益"项目，反映企业以各种方式对外投资所取得的收益。如为净损失，以"－"号填列。处置企业持有的交易性金融资产时，收益部分应当自"公允价值变动损益"项目转出，列入本项目。

（10）"营业外收入"、"营业外支出"项目，反映企业发生的与其经营活动无直接关系的各项收入和支出。其中，处置非流动资产净损失，应当单独列示。

（11）"利润总额"项目，反映企业实现的利润总额。如为亏损总额，以"－"号填列。

（12）"所得税费用"项目，反映企业根据所得税准则确认的应从当期利润总额中扣除的所得税费用。

（13）"净利润"项目，反映企业实现的净利润。如为亏损总额，以"－"号填列。

【例 8-2】 南方有限责任公司 2010 年 12 月各损益类账户累计发生额如表 8-3 所示。

表 8-3 南方有限责任公司损益账户发生额

单位：元

账户名称	借或贷	本年数	上年数
主营业务收入	贷	550 000	330 440
其他业务收入	贷	9 000	13 760
主营业务成本	借	385 000	223 950
其他业务成本	借	6 000	10 750
营业税金及附加	借	27 000	16 000
销售费用	借	18 000	8 000
管理费用	借	37 000	22 000
财务费用	借	8 000	6 000
投资收益	贷	1 000	1 200
营业外收入	贷	500	400
营业外支出	借	400	500
所得税费用	借	25 000	17 000

根据以上资料，编制南方有限责任公司 2010 年 12 月份的利润表，如表 8-4 所示。

表 8-4　利润表

会企 02 表

编制单位:南方有限责任公司　　　　2010 年 12 月　　　　　　　　单位:元

项　目	行　次	本期金额	上期金额
一、营业收入		559 000	344 200
减:营业成本		391 000	234 700
营业税金及附加		27 000	16 000
销售费用		18 000	8 000
管理费用		37 000	22 000
财务费用		8 000	6 000
资产减值损失			
加:公允价值变动收益(损失以"一"号填列)			
投资收益(损失以"一"号填列)		1 000	1 200
二、营业利润(亏损以"一"号填列)		79 000	58 700
加:营业外收入		500	400
减:营业外支出		400	500
三、利润总额(亏损总额以"一"号填列)		79 100	58 600
减:所得税费用		25 000	17 000
四、净利润(净亏损以"一"号填列)		54 100	41 600
五、每股收益			
其中:基本每股收益			
稀释每股收益			

第四节　现金流量表

一、现金流量表的概念

　　现金流量表是反映企业在一定会计期间现金和现金等价物流入和流出的会计报表。现金流量表中的"现金"是指企业的库存现金,以及可以随时用于支付的存款,包括"现金"账户核算的库存现金;"银行存款"账户核算的企业随时可以用于支付的存款;"其他货币资金"账户核算的外埠存款、银行汇票存款、银行本票存款和在途货币资金等其他货币资金。

　　现金流量表中的"现金"还包括现金等价物。现金等价物是指持有期限短(一般指从购买之日起三个月内到期)、流动性强、易于转换为已知金额现金、价值变动风险很小的投资。现金等价物虽然不是现金,但其支付能力与现金的差别不大,可视为现金,一般在"交易性金融资产"等账户核算。例如,企业拥有的、可在证券市场上流通的、三个月内到期的短期债券等(以下在提及"现金"时,除非同时提及现金等价物,否则均包括现金和现金等价物)。

编制现金流量表,可以为财务会计报表使用者提供企业一定会计期间内现金和现金等价物流入的信息,以便于报表使用者了解和评价企业支付能力、偿债能力和周转能力;可使财务会计报表使用者获取现金和现金等价物的能力,并据以预测企业未来的现金流量。

二、现金流量表的结构与内容

现金流量表应按照经营活动产生的现金流量、投资活动产生的现金流量和筹资活动产生的现金流量分别反映。现金流量一般应按现金流入和流出总额反映。但代客户收取或支付的现金,以及周转快、金额大、期限短的项目的现金收入和现金支出,可以净额反映。

(一)经营活动产生的现金流量

经营活动是指企业投资活动和筹资活动以外的所有交易和事项。由经营活动而取得的现金收入和发生的现金支出构成经营活动产生的现金流量。由于行业特点不同,不同类别的企业对经营活动范围的认定不尽相同。就工业企业来说,经营活动主要包括:销售产品、提供劳务、广告宣传、缴纳税款等。

(二)投资活动产生的现金流量

投资活动是指企业长期资产的购建和不包括在现金等价物范围内的投资及其处置活动,由投资活动而取得的现金收入或发生的现金支出构成投资活动产生的现金流量。它主要包括:取得和收回投资,购建和处置固定资产、无形资产和其他长期资产,以及由此而产生的股利、债券利息等收入。

(三)筹资活动产生的现金流量

筹资活动是指导致企业资本及债务规模和构成发生变化的活动,由筹资活动而取得的现金收入和发生的现金支出构成筹资活动产生的现金流量。它主要包括:吸收投资、发行股票(或债券)、借款及偿还债务、分配利润、支付利息等。

现金流量表的具体结构如表8-5所示。

表 8-5　现金流量表

会企 03 表

编制单位：　　　　　　　　　　××年度　　　　　　　　　　单位:元

项　目	本期金额	上期金额
一、经营活动产生的现金流量：		
销售商品、提供劳务收到的现金		
收到的税费返还		
收到其他与经营活动有关的现金		
经营活动现金流入小计		
购买商品、接受劳务支付的现金		
支付给职工及为职工支付的现金		
支付的各项税费		
支付其他与经营活动有关的现金		
经营活动现金流出小计		
经营活动产生的现金流量净额		
二、产生的现金流量：		
收回投资所收到的现金		
取得投资收益所收到的现金		
处置固定资产、无形资产和其他长期资产所收回的现金净额		
处置子公司及其他营业单位收到的现金净额		
收到的其他与投资活动有关的现金		
投资活动现金流入小计		
购建固定资产、无形资产和其他长期资产所支付的现金		
投资所支付的现金		
取得子公司及其他营业单位支付的现金净额		
支付其他与投资活动有关的现金		
投资活动现金流出小计		
投资活动产生的现金流量净额		
三、筹资活动产生的现金流量：		
吸收投资所收到的现金		
取得借款所收到的现金		
收到其他与筹资活动有关的现金		
筹资活动现金流入小计		
偿还债务所支付的现金		
分配股利、利润或偿付利息所支付的现金		
支付其他与筹资活动有关的现金		
筹资活动现金流出小计		

项　目	本期金额	上期金额
筹资活动产生的现金流量净额		
四、汇率变动对现金及现金等价物的影响		
五、现金及现金等价物净增加额		
加：期初现金及现金等价物余额		
六、期末现金及现金等价物余额		

三、现金流量表的编制

现金流量表要求采用直接法编制,而直接法主要有工作底稿法和 T 形账户法两种方法。现金流量表的附注部分则要求采用间接法编制。关于现金流量表的具体编制方法,则将在《财务会计学》中详细说明,在此不予多述。

第五节　所有者(或股东)权益变动表

一、所有者(或股东)权益变动表的概念

所有者(或股东)权益变动表是反映企业在所有者(或股东)权益各组成部分当期增减变动情况的报表。

所有者(或股东)权益变动表全面反映了企业的所有者权益在年度内的变化情况,便于会计信息使用者深入分析企业所有者权益的增减变化情况,并进而对企业资本的保值、增值情况作出正确判断,从而为决策提供有用的信息。

二、所有者(或股东)权益变动表的编制

(1)"上年年末余额"项目,反映企业上年资产负债表中实收资本(股本)、资本公积、库存股、盈余公积、未分配利润的年末余额。

(2)"会计政策变更"、"前期差错更正"项目,分别反映企业采用追溯调整法处理的会计政策变更的累积影响金额和采用追溯重述法处理的会计差错更正的累积影响数额。

(3)"本年增减变动额"项目:

①"净利润"项目,反映企业当年实现的净利润(或净亏损)金额。

②"直接计入所有者权益的利得和损失"项目,反映企业当年直接计入所

有者权益的利得和损失金额。

③"所有者投入和减少资本"项目,反映企业当年所有者投入的资本和减少的资本。

④"利润分配"项目,反映企业当年的利润分配金额。

⑤"所有者权益内部结转"项目,反映企业构成所有者权益的组成部分之间的增加变动情况。

关于所有者(或股东)权益变动表的具体编制方法,则将在《财务会计学》中详细说明,在此不予多述。所有者(或股东)权益变动表的具体结构如表8-6所示。

表 8-6　所有者(或股东)权益变动表

会企 04 表

编制单位:　　　　　　　　　　××年度

项　目	本年金额						上年金额					
	实收资本(或股本)	资本公积	减:库存股	盈余公积	未分配利润	所有者权益合计	实收资本(或股本)	资本公积	减:库存股	盈余公积	未分配利润	所有者权益合计
一、上年年末余额												
加:会计政策变更												
前期差错更正												
二、本年年初余额												
三、本年增减变动金额(减少以"-"号填列)												
(一)净利润												
(二)直接计入所有者权益的利得和损失												
1.可供出售金融资产公允价值变动净额												
2.权益法下被投资单位其他所有者权益变动的影响												
3.与计入所有者权益项目相关的所得税影响												
4.其他												
(三)所有者投入和减少资本												
1.所有者投入资本												

项　目	本年金额						上年金额					
	实收资本（或股本）	资本公积	减：库存股	盈余公积	未分配利润	所有者权益合计	实收资本（或股本）	资本公积	减：库存股	盈余公积	未分配利润	所有者权益合计
2.股份支付计入所有者权益的金额												
3.其他												
（四）利润分配												
1.提取盈余公积												
2.对所有者（或股东）的分配												
3.其他												
（五）所有者权益内部结转												
1.资本公积转增资本（或股本）												
2.盈余公积转增资本（或股本）												
3.盈余公积弥补亏损												
4.其他												
四、本年年末余额												

第六节　财务报表附注

一、财务报表附注的概念

财务报表附注是对在资产负债表、利润表、现金流量表和所有者权益变动表等报表中所列示项目的文字描述或明细资料，以及对未能在这些报表中列示项目的说明。财务报表附注的目的是为财务会计报表的使用者提供更充分的信息。

二、财务报表附注披露的内容

《企业会计准则第30号——财务报表列报》规定：企业一般应当按照下列

顺序披露附注信息：

(1)财务报表的编制基础。

(2)遵循企业会计准则的声明。企业应声明编制的财务报表符合企业会计准则的要求,真实、完整地反映了企业的财务状况、经营成果和现金流量等有关信息。

(3)重要会计政策的说明,包括财务报表项目的计量基础和会计政策的确定依据等。

(4)重要会计估计的说明,包括下一会计期间内很可能导致资产、负债账面价值重大调整的会计估计的确定依据等。

(5)对已在资产负债表、利润表、现金流量表和所有者权益变动表中列示的重要项目的进一步说明,包括终止经营税后利润的金额及其构成情况等。

(6)或有和承诺事项、资产负债表日后非调整事项、关联方关系及其交易等需要说明的事项。

《企业会计准则第 30 号——财务报表列报》还规定:下列各项未在与财务报表一起公布的其他信息中披露的,企业应当在附注中披露:

(1)企业注册地、组织形式和总部地址。

(2)企业的业务性质和主要经营活动。

(3)母公司及集团最终母公司的名称。

此外,《企业会计准则第 31 号——现金流量表》规定:企业应当在附注中披露将净利润调节为经营活动现金流量的信息等。

课 后 练 习

一、单项选择题

1.资产负债表中资产的排列顺序是依据项目的(　　　)。

　　A.流动性　　　　　　　　B.变动性

　　C.重要性　　　　　　　　D.盈利性

2.在资产负债表中,可按总分类账户的余额直接填列的是(　　　)。

　　A.货币资金　　　　　　　B.存货

　　C.固定资产　　　　　　　D.应付职工薪酬

3.资产负债表中"长期待摊费用"项目应根据(　　　)填列。

　　A."长期待摊费用"科目借方余额

　　B."长期待摊费用"科目贷方余额

C. "长期待摊费用"科目余额扣除将于一年内摊销金额

D. "长期待摊费用"科目余额减去"长期待摊费用减值准备"

4. 利润表中的项目应根据总分类账户的（　　　）填列。

A. 期末余额　　　　　　　　　　B. 发生额

C. 期初余额　　　　　　　　　　D. 期初余额＋发生额

5. 假设某企业未设"预付账款"和"预收账款"账户，则资产负债表中"应付账款"项目应根据（　　　）填列。

A. "应付账款"总账账户贷方余额

B. "应收账款"账户所属各明细账户贷方余额合计数

C. "应付账款"账户所属各明细账户贷方余额合计数

D. "应付账款"、"其他应付款"、"应付职工薪酬"等总账账户贷方余额合计数

6. 我国企业利润表采用（　　　）。

A. 账户式　　　　　　　　　　　B. 报告式

C. 单步式　　　　　　　　　　　D. 多步式

7. 会计报表是根据（　　　）定期编制的。

A. 会计凭证　　　　　　　　　　B. 会计账簿记录

C. 原始凭证　　　　　　　　　　D. 记账凭证

8. 在资产负债表中，应按几个总分类账户的余额计算填列的是（　　　）。

A. 货币资金　　　　　　　　　　B. 应付职工薪酬

C. 应交税费　　　　　　　　　　D. 应付股利

9. 资产负债表中"未分配利润"项目应根据（　　　）科目的余额填列。

A. 本年利润和应付股利　　　　　B. 利润分配和应付股利

C. 本年利润和盈余公积　　　　　D. 本年利润和利润分配

10. 利润表是反映企业（　　　）经营成果的报表。

A. 一个时点　　　　　　　　　　B. 某一特定日期

C. 一年　　　　　　　　　　　　D. 某一特定期间

二、多项选择题

1. 财务会计报告的内容包括（　　　）。

A. 会计报表　　　　　　　　　　B. 会计报表附注

C. 会计报表说明书　　　　　　　D. 财务情况说明书

2. "资产负债表"中的"存货"项目反映的内容包括（　　　）。

A. 材料采购　　　　　　　　　　B. 生产成本

C. 库存商品   D. 周转材料

3. 资产负债表中的"货币资金"项目,应根据(   )账户期末余额的合计数填列。

A. 委托贷款   B. 库存现金

C. 银行存款   D. 其他货币资金

4. 现金流量表中的"现金"是指(   )。

A. 银行存款   B. 库存现金

C. 现金等价物   D. 其他货币资金

5. 下列项目中影响营业利润的有(   )。

A. 投资收益   B. 管理费用

C. 营业成本   D. 营业外收入

6. 资产负债表的"期末数"栏项目数据可根据(   )填列。

A. 总账账户的期末余额直接   B. 总账账户期末余额计算

C. 若干明细账余额计算   D. 账户余额减去其备抵项目后的净额

7. 资产负债表中的以下项目,可以根据相关总账科目余额直接填列的有(   )。

A. 应收股利   B. 应收账款   C. 固定资产

D. 应付票据   E. 实收资本

8. 利润表中的"营业收入"项目应根据(   )科目余额。

A. 主营业务收入   B. 其他业务收入   C. 营业外收入

D. 投资收益   E. 公允价值变动收益

9. 根据企业会计准则规定,企业编制的财务报表至少应当包括(   )。

A. 资产负债表   B. 利润表   C. 现金流量表

D. 所有者(或股东)权益变动表   E. 报表附注

三、判断题

1. 资产负债表是一种静态报表,应根据有关账户的期末余额直接填列。

(   )

2. 利润表能够反映出企业的偿债能力和支付能力。   (   )

3. 某企业期初资产总额 100 万元,本期取得借款 6 万元,收回应收账款 7 万元,用银行存款 8 万元偿还应付款,该企业期末资产总额为 105 万元。

(   )

4. 资产负债表是反映企业某一特定时期财务状况的会计报表。   (   )

5. 利润表结构的理论基础是"利润=收入-费用"会计等式。   (   )

6.由于财务会计报告是对外报告,所以其提供的信息对企业的管理者和职工没用。　　　　　　　　　　　　　　　　　　　　　　　　（　　）

7.资产负债表结构的理论依据是"资产＝负债＋所有者权益"会计等式。

（　　）

8.资产负债表的格式有单步式和多步式。　　　　　　　　　（　　）

四、业务练习题

练习一

目的:练习资产负债表的编制。

资料:某企业 2010 年 12 月 31 日各账户余额如表 8-7 所示。

表 8-7

单位:元

账　户	借方金额	账　户	贷方金额
库存现金	3 000	坏账准备	250
银行存款	70 000	累计折旧	255 000
应收账款	5 000	短期借款	8 000
预付账款	2 000	应付账款	20 000
应收利息	2 500	预收账款	25 200
原材料	10 500	应交税费	5 550
生产成本	10 000	长期借款	50 000
库存商品	20 000	实收资本	100 000
长期股权投资	3 000	资本公积	40 000
固定资产原值	450 000	盈余公积	50 000
无形资产	8 000	利润分配	30 000

要求:根据上述资料编制 2010 年 12 月 31 日的资产负债表。

练习二

目的:练习利润表的编制。

资料:某企业 2010 年 3 月 31 日结账前各损益账户金额如表 8-8 所示。

表 8-8

单位:元

账　户	借方金额	账　户	贷方金额
主营业务成本	277 000	主营业务收入	427 500
其他业务成本	875	其他业务收入	600
销售费用	59 230	投资收益	10 000
管理费用	21 480	营业外收入	1 200
财务费用	1 000		
营业外支出	1 400		
所得税费用	25 844		

要求:根据上述资料编制 2010 年 3 月份利润表。

参考文献

1.企业会计准则编审委员会.企业会计准则:应用指南[M].上海:立信会计出版社,2006.

2.郭道扬.会计发展史纲[M].北京:中央广播电视大学出版社,1986.

3.刘仲文.会计理论与会计准则问题研究[M].北京:首都经济贸易大学出版社,2000.

4.张艳萍.会计学原理与实务[M].第3版.厦门:厦门大学出版社,2009.

5.陈东领.基础会计[M].长春:吉林大学出版社,2010.

6.徐黎.基础会计学[M].哈尔滨:哈尔滨工业大学出版社,2007.

7.杨文林,张延民.会计基础[M].上海:立信会计出版社,2005.

8.会计准则研究组.企业会计准则:重点、难点解析[M].大连:大连出版社,2006.

9.财政部会计资格评价中心.初级会计实务[M].北京:中国财政经济出版社,2007.

10.高香林.基础会计[M].北京:高等教育出版社,2006.

参考文献

[1] ...

[2] ...

[3] ...

[4] ...

[5] ...

[6] ...

[7] ...

[8] ..., 2006.

[9] ..., 2007.

[10] ..., 2008.